普通高等教育汽车类专业精品系列教材

现代汽车新技术

主　编　陈学深
主　审　王海林

北京理工大学出版社
BEIJING INSTITUTE OF TECHNOLOGY PRESS

内 容 简 介

本书是为应用型本科院校汽车类专业学生编写的教材，在介绍必要理论知识的基础上，引入了前沿的汽车新技术，使学生通过本书学习，在掌握基础理论知识的同时，也对汽车前沿技术有所掌握。

本书主要内容包括概论、汽车发动机新技术、新能源汽车、传动系统新技术、悬架系统新技术、转向系统新技术、制动系统新技术、主动安全控制新技术、被动安全控制新技术等9个章节。本书可作为高等院校汽车相关专业学生的参考教材，也可作为从事汽车相关行业工作人员的参考资料。

版权专有　侵权必究

图书在版编目（CIP）数据

现代汽车新技术 / 陈学深主编. ——北京：北京理工大学出版社, 2021.11（2021.12 重印）
　ISBN 978-7-5763-0684-2

Ⅰ. ①现… Ⅱ. ①陈… Ⅲ. ①汽车工程-高等学校-教材 Ⅳ. ①U46

中国版本图书馆 CIP 数据核字（2021）第 231502 号

出版发行 /	北京理工大学出版社有限责任公司
社　　址 /	北京市海淀区中关村南大街 5 号
邮　　编 /	100081
电　　话 /	（010）68914775（总编室）
	（010）82562903（教材售后服务热线）
	（010）68944723（其他图书服务热线）
网　　址 /	http://www.bitpress.com.cn
经　　销 /	全国各地新华书店
印　　刷 /	唐山富达印务有限公司
开　　本 /	787 毫米×1092 毫米　1/16
印　　张 /	11.5
字　　数 /	250 千字
版　　次 /	2021 年 11 月第 1 版　2021 年 12 月第 2 次印刷
定　　价 /	35.00 元

责任编辑 / 张鑫星
文案编辑 / 张鑫星
责任校对 / 周瑞红
责任印制 / 李志强

图书出现印装质量问题，请拨打售后服务热线，本社负责调换

前言

经过这些年的发展，汽车产业已经成为支撑并拉动我国经济持续快速发展的重要产业之一，其发展日新月异。当前市面上的汽车朝着电动化、智能化、无人化等方向不断发展，而在发展过程中，涌现了许多新技术、新方案。为了适应汽车相关行业工作人员的需求，提高他们的汽车新技术理论水平，作者结合多年的教学改革和积累的教学经验编写本书。

本书的特点：

(1) 全书根据汽车不同系统或技术编排章节，同时根据教学实践体会，对一些重点、难点或需提示的内容进行了必要的文字说明，方便读者能够更快速、更深入理解相关内容。

(2) 本书内容围绕汽车基础知识，以简单而典型的例子作为载体引入汽车新技术，让读者可以在原有理论知识基础上，吸收新的知识，从而加深对汽车新技术的理解。

(3) 本书着重阐述了汽车新技术的结构组成，详尽分析了新技术的作用及工作原理，并通过与以往汽车所采用的技术做对比，方便读者从不同的角度了解新技术的优势，提升对新技术的认识。

(4) 本书采用了大量图片，并结合相关文字对图片的内容进行分析，力求深入浅出、通俗易懂、文字简练、直观形象，大大提高了书本内容的可读性，有利于降低读者在阅读时的门槛。

本书由陈学深主编，王宣霖、周保池、方根杜参加了部分图形绘制和资料收集工作。王海林审阅了全书，并提出了很多宝贵的意见，在此表示感谢。限于编者水平，书中不当之处在所难免，欢迎读者批评指正。

编 者
2021 年 5 月

目 录

第 1 章　概论 ··· 1
　1.1　汽车技术发展概况 ·· 1
　1.2　现代汽车发展新趋势 ··· 8
第 2 章　汽车发动机新技术 ·· 10
　2.1　发动机进排气控制 ·· 10
　2.2　双火花塞点火 ·· 16
　2.3　缸内直喷技术 ·· 19
　2.4　稀薄燃烧技术 ·· 21
　2.5　可变压缩比技术 ··· 23
　2.6　可变气缸技术 ·· 26
　2.7　汽车起动/停止系统 ··· 29
　2.8　新型柴油机燃烧及排放控制技术 ·· 32
第 3 章　新能源汽车 ·· 35
　3.1　电动汽车 ·· 35
　3.2　混合动力汽车 ·· 39
　3.3　燃料电池汽车 ·· 42
　3.4　太阳能汽车 ··· 47
第 4 章　传动系统新技术 ·· 50
　4.1　双离合器自动变速器 ··· 50
　4.2　双质量飞轮 ··· 55
　4.3　无级变速器 ··· 61
　4.4　电控机械式自动变速器 ·· 66
第 5 章　悬架系统新技术 ·· 70
　5.1　空气悬架 ·· 70
　5.2　可调阻尼减振器 ··· 73
　5.3　主动悬架 ·· 76

5.4 磁流变悬架 ·················· 81
5.5 馈能式悬架 ·················· 85

第6章 转向系统新技术 ·················· 91
6.1 动力转向系统 ·················· 91
6.2 四轮转向系统 ·················· 102
6.3 线控转向系统 ·················· 107

第7章 制动系统新技术 ·················· 110
7.1 制动辅助系统 ·················· 110
7.2 电控制动系统 ·················· 114
7.3 驱动防滑控制系统 ·················· 117
7.4 电子制动力分配系统 ·················· 125

第8章 主动安全控制新技术 ·················· 129
8.1 电子稳定程序 ·················· 129
8.2 自适应巡航控制系统 ·················· 132
8.3 轮胎气压监测系统 ·················· 135
8.4 汽车自动制动系统 ·················· 138
8.5 汽车夜视辅助系统 ·················· 143
8.6 汽车自适应前照明系统 ·················· 146
8.7 安全预警技术 ·················· 151

第9章 被动安全控制新技术 ·················· 158
9.1 智能安全气囊 ·················· 158
9.2 侧面安全气帘 ·················· 161
9.3 智能安全带 ·················· 163
9.4 行人保护系统 ·················· 164
9.5 头颈保护系统 ·················· 169
9.6 汽车吸能系统 ·················· 170
9.7 汽车事故自动报警系统 ·················· 175

参考文献 ·················· 177

第1章 概论

1.1 汽车技术发展概况

1.1.1 汽车的诞生与发展

蒸汽机汽车于1769年诞生,随后法国德·罗夏在1862年提出了等容燃烧的四冲程内燃机,其工作循环方式为进气、压缩、做功、排气,并在1862年1月16日被法国当局授予了专利。1876年德国青年工程师N.A.鄂图制成了第一台往复活塞式内燃机。之后欧洲各地迅速出现改进的内燃机,并且被装在汽车上。

现代汽车的标志是内燃机作为动力。为了纪念1884年法国人爱德华·德马拉·德布特威尔制造出第一辆内燃机汽车,1984年巴黎举行了内燃机汽车诞生百年庆典。德国人卡尔·本茨制造出第一辆带煤气发动机的三轮汽车,并于1886年1月29日申请德国皇家专利局专利证书第37435号,因此,1986年德国也举办了汽车百年诞辰庆典。卡尔·本茨的三轮汽车如图1-1所示。

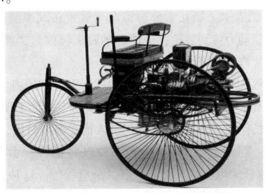

图1-1 卡尔·本茨的三轮汽车

同年，德国人戈特利布·戴姆勒制成了四轮内燃机汽车，如图1-2所示。汽车发明的漫长过程中，许多人为之做出了不同的贡献。如今，全世界都以卡尔·本茨申请汽车专利作为汽车诞生的标志，因此人们称卡尔·本茨为"汽车之父"。

图1-2　戈特利布·戴姆勒的四轮内燃机汽车

1893年，德国工程师R.狄塞尔在其论文《转动式热机原理和结构》中，首次论述了柴油发动机原理。柴油机的实用机型在1897年制成，但由于其笨重，柴油机轻量化进展较慢，因此大量用于汽车是20世纪中叶以后。

内燃机汽车从1895年6月11日开始了辉煌的时代，这一天在法国巴黎举行了世界首届汽车拉力赛。参赛的汽车有22辆，其中6辆是蒸汽机汽车，1辆是电动汽车，其余都为内燃机汽车。只有9辆汽车比赛结束时跑完全程，其中8辆是内燃机汽车，另一辆无记录，这结果宣告了内燃机汽车的绝对胜利。蒸汽机汽车由此逐渐退出市场，直到1923年停止生产。

汽车技术的发展主要由两个部分组成，一是内燃机技术的迅速成熟；二是车辆本身的发展。发动机功率的增加可以提高汽车行驶速度，动力大，加速快，行驶也快；除此之外，要求可以良好地控制车辆，包括方向准确控制和迅速制动，从而保证高速行驶安全、舒适，同时要求拥有良好的减振、避振，这些性能都是车辆技术的发展。

20世纪的汽车技术不断发展进步，在汽车发展史上建立了几个里程碑，对汽车演变产生了重要影响。

19世纪末，法国的帕纳尔·勒瓦索公司将发动机装在汽车前部，通过离合器、变速装置和齿轮传动装置把驱动力传到后轮，这种方案后来被称为"帕纳尔系统"。人们称这种方案为常规方案，载货汽车一直沿用这种方案。

戴姆勒公司的埃米尔·那利内克于1901年3月参加了"尼扎赛车周"车赛，并用女儿的名字"梅塞德斯"作为汽车的牌号登记。这种新赛车战胜了所有的对手，一鸣惊人。法国汽车俱乐部的秘书长保罗·海昂说："我们进入梅塞德斯时代。"

1908年10月1日，美国底特律开始生产一种以"福特"命名的汽车，型号为"T型"，如图1-3所示，这成为汽车技术史上的第二个里程碑。这种少见的汽车推动了一个新的工业时代的到来，工人们首次用大批量生产的部件在流水线上组装汽车。大批量流水生产的成功，不仅使家庭轿车变为现实，而且使T型车成为有史以来最普遍的车种。到20世纪20年代，全世界一半以上的注册汽车都是福特牌。福特汽车公司创造了一个巨大的永久性汽车市场，带动了全球汽车产业的发展。

图1-3　美国1908年福特T型车

继亨利·福特之后，1934年3月24日出现了一种新型的汽车结构，这使安德烈·雪铁龙在法国树起了汽车史上的第三个里程碑。一款名叫7A的前驱动汽车问世，前轮驱动、无底盘的车身结构、通过扭杆实现单轮减振以及液压制动等集中在一辆汽车上，并批量生产。这种前轮驱动汽车，成为轿车设计的潮流，直到今天也没有过时。

图1-4所示大众1939年为"甲壳虫"型汽车，于1939年8月正式投产，并在之后打破了福特T型汽车的产量纪录，累计生产2 150万辆，独领风骚70年。如今，大众汽车公司再度推出"新甲壳虫"（New Beetle），其优点是结实耐用，不讲究奢华而且价格大众化。

图1-4　大众1939年"甲壳虫"型汽车

1959年面世的"迷你"(MINI)由于采用了前轮驱动和横置式发动机,车长3.05 m,宽1.4 m,质量仅630 kg,从而触发了汽车技术的一场革命。这种小型车在取得"观念上的突破"的同时,还在汽车赛中取得成就,其中在蒙特卡洛汽车赛中三次夺魁。由于上述成就,微型轿车成为汽车家族的重要成员。法国雷诺汽车公司在20世纪80年代创造了多用途厢式车(Multi-Purpose Vehicle,MPV),其中Espace牌MPV以其新颖的车厢布局设计引起了车坛的轰动。MPV车内每个座椅都可独立调节,可以做成多种形式的组合,既可是乘车形式,又可组合成有小桌的小型会议室。从车厢座椅位置的固定到可调,从固定空间布局到可变空间布局,标志着汽车使用概念上的变革。受MPV设计概念的启发,现代汽车上又出现了运动型多用途车(Sport Utility Vehicle,SUV),它具有轿车和轻型卡车的特点,在MPV与SUV的基础上,又出现了近年风靡全球的休闲车(Recreation Vehicle,RV)热潮。休闲车在外形上突破了传统轿车三厢式的布局,车厢空间具有多用途、富于变化和适应性广的特点。正因为MPV的出现,才使汽车设计者突破了旧的框架,设计出从专用性到多样性的各种各样的家庭汽车。

由于汽车上大量应用计算机技术、现代设计理论、现代测试手段、新材料、新工艺、新技术等诸多技术,因此现代汽车已发展成为高新科技产品,可以说汽车也是科学技术发展水平的标志。特别是微电子技术在汽车上的应用,大大改善和提高了汽车的性能,例如,电子控制的发动机点火系统和供油系统、缸内直喷技术、电动节气门技术、柴油机高压共轨电控燃料喷射、可变涡轮增压技术、系统变速器的电子控制系统、电子驱动力调节系统、防抱死制动系统、智能悬架、速度感应式转向系统、电子车厢温度调节系统、电控防撞安全系统、电子防盗系统、卫星导航系统等。现代汽车技术发展正朝着安全、环保、节能、智能方向发展。

1.1.2 世界汽车工业的发展

德国的汽车公司自卡尔·本茨制造出第一辆三轮汽车以后大量涌现。其中,戴姆勒-奔驰汽车公司是世界上历史最悠久的汽车公司。其前身奔驰汽车厂成立于1886年,戴姆勒公司成立于1890年,两家公司于1926年合并为戴姆勒·奔驰汽车公司。

19世纪后期,欧洲产生了汽车产业,使西欧成为世界上唯一的汽车生产地。进入20世纪后,汽车生产传到美国,当时在底特律集中了一批工匠,形成了美国制造中心,很快,美国的产品销往全世界,并取代欧洲成为世界汽车产业中心。一直到20世纪60年代美国生产的汽车占世界总量的70%~80%。由于第二次世界大战结束后欧洲经济的快速恢复发展,使70年代欧洲(指当时称欧共体)汽车产量可以与美国抗衡。同时,日本汽车工业也在高速发展,到20世纪80年代形成美国、西欧(主要是英、法、德、意四国)、日本三足鼎立之势,世界汽车产业中心由一个中心变成三个中心,各自的实力基本相当,世界其他地方的汽车产业无不与这三大中心有关。

日本、北美和欧洲各占1980年世界汽车总产量的25%左右,其余25%是所有其他国家汽车产量的总和。目前,世界汽车年产量已经超过6 000万辆,汽车保有量达到7.8亿辆。

北美、日本和欧洲工业国家除了是世界汽车产业中心，还是吸收汽车的主要市场，称为传统汽车市场。迄今为止，传统汽车市场也仍是世界汽车市场的主体。不过到20世纪80年代，传统市场基本上达到了饱和，因而汽车厂商急于向第二、第三世界开拓新市场。另一方面，许多国家经济迅速发展，促使汽车需求大增，最终形成了汽车工业全球化趋势。

由于20世纪八九十年代全球化的推进，全球汽车市场不断扩大，使得汽车生产基地向第二世界甚至第三世界的国家扩散。许多国家和地区请外商直接在本国设厂，或与外资合作设厂，同时采取多种方式与汽车工业国合作并引进技术设备。亚洲的韩国、南美洲的巴西和欧洲的西班牙是第二批汽车产量较大的国家。中国和印度这时也开始引进汽车和汽车生产技术。

1998年以德国戴姆勒-奔驰公司兼并美国克莱斯勒公司为标志，人们普遍认为一场跨国的汽车工业资产重组浪潮开始了，通俗的说法叫作全球化。一般认为这是20世纪末世界社会经济发展的大趋势，从科学技术上说是寻求进一步规范化，降低汽车成本扩大市场的必然。

20世纪末的汽车企业兼并重组浪潮，大致采取了三种形式：第一种形式为注入资金，即一家企业向另一家企业注入资金，取得部分产权，或协议相互注入同等额度的资金，如雷诺公司和日产公司采取协议相互注入资金；第二种形式为合并，即原来的两家企业合并为一家企业，如戴姆勒-奔驰公司和克莱斯勒公司的合并；第三种形式为收购，收购方获得全部或大部分产权，如通用公司收购大宇公司、福特公司收购沃尔沃公司等。这次兼并重组浪潮的特点在于：基本不改变原有产业组织框架进行资本重组，企业力量对比发生了深刻变化，但被兼并的公司仍具有法人资格的企业形式保留下来，兼并者与被兼并者的目标和利益都得到一定程度的满足。

汽车的生产制造离不开其他行业的基础，同时汽车产业的发展又会拉动相关行业的发展。汽车生产的原材料包括有色金属、钢铁、橡胶、工程塑料、纺织品、玻璃、木料、涂料等众多材料；汽车制造涉及机械制造、冶金、石油、化工、电子、电力、轻工业等工业部门；汽车后市场还涉及汽车的运输、销售、商业、金融、旅游、服务等第三产业。汽车产业的发展带动着整个国民经济的快速发展，汽车产业无疑成为发达国家的支柱产业。

现代化的设计手段和生产手段造就了现代化的汽车产品。目前，全球信息网、计算机辅助造型、计算机辅助设计、计算机辅助工程分析、计算机辅助制造、计算机辅助试验、计算机集成制造系统、虚拟实现系统等一大批先进技术都广泛应用在汽车设计与制造上，促成了并行工程的实现，真正做到技术数据和信息在网络中准确的传输与管理，实现无图样化生产和制造柔性化，不但大大提高了工作效率，缩短了开发周期，而且提高了产品的精度和质量，降低了生产成本。汽车产业的发展必将促进科学技术的繁荣昌盛。

1.1.3 中国汽车工业的发展

中国土地上第一辆汽车是1903年从美国输入的奥斯莫比尔牌小汽车，并取得第一号汽车行驶牌证，其所有者为上海富商。现存于北京的最早的小客车是1908年袁世凯敬献给慈禧太后的。

中国的汽车制造开始于1928年，在张学良支持下，聘请美国技师指导并在沈阳北大营兵工厂成功仿造了美国"万国"牌载重汽车，1年中装出10辆。

1936年中国政府曾有计划与德国奔驰公司合作，成立官办"中国汽车制造公司"，拟先组装汽车、后制造汽车。但是由于抗日战争爆发，使此计划遂搁置下来。

新中国成立后，中国汽车产业才得以建立和发展。中国汽车产业的发展过程可以分成三个阶段：创建阶段、独立自主发展阶段和对外开放阶段。

1. 创建阶段

1953—1958年是中国汽车产业的创建阶段，其中最重要的标志是长春第一汽车制造厂的建成。这一阶段的建设工作是在苏联的全面援助下进行的，产品由苏联引进，工艺流程由苏联设计，主要设备由苏联提供，连厂房设计也是由苏联方面承担的。第一汽车制造厂设计的生产能力为年生产汽车3万辆，产品是载重4 t的载货汽车和越野车。从1953年第一汽车制造厂奠基，到1956年从第一汽车制造厂流水装配线上开出第一台"解放"牌汽车，再到1958年生产汽车16 000辆，可看到中国汽车产业初步形成了自己的基础并开始逐步发展。第一台"解放"牌汽车如图1-5所示。

图1-5 第一台"解放"牌汽车

2. 独立自主发展阶段

1958—1984年是中国汽车产业发展的第二阶段。1958年左右中苏关系恶化，中国汽车产业进入独立自主发展阶段。在初步形成了自己的基础工业之后，我国各地纷纷仿造和试制了多款汽车，逐渐形成了几个较有规模的汽车制造厂，例如南京汽车制造厂、北京汽车制造厂等。1958年北京汽车制造厂研制了中国的第一辆轿车并开进了中南海，起名"井冈山"牌。从此，中国汽车产业进入了一个新的发展阶段——独立自主、自力更生的发展阶段。这一阶段的标志性成果是第二汽车制造厂的建设。

1964年，第二汽车制造厂开始筹建，并从当时的政治、军事和经济建设观点出发选择湖北省西北部山区（十堰市）建厂。1978年第二汽车制造厂开始批量投产，主要产品是由中国人自己开发的载重5 t的"东风"牌载货汽车，如图1-6所示。20世纪80年代中期达到年产中型载货汽车10万辆以上的规模，成为国内生产规模最大的企业，产品深受用户欢迎。第二汽车制造厂98%的生产设备是国产设备，而且工厂设计和工艺设计都是由中国人自己完成的。在当时条件下，第二汽车制造厂的建成可以说是一个奇迹。第二汽车制造厂的建成，标志着中国汽车工业开始依靠自己的力量设计产品、确定工艺、制造设备、兴建工厂，提高了整个中国汽车工业和相关工业的水平，并推动中国汽车工业上了一个新台阶。

图 1-6 载重 5 t 的"东风"牌载货汽车

3. 对外开放阶段

20 世纪 80 年代中期，中国发生了一次激烈的争论，主题是"要不要发展轿车消费和轿车生产"。争论的结果是中国需要发展轿车，随后中央做出了我国汽车产业发展中的一项重要决定——建立现代轿车工业。

1984 年，由北京汽车工业公司与克莱斯勒公司共同投资的轿车生产企业成为我国第一家整车制造合资公司，标志着汽车产业进入一个新的发展阶段——对外开放阶段。从此，一大批合资公司在中国诞生。

这一阶段有以下特点：把轿车工业作为发展的重点；引进外资，建立合资企业；引进国外产品、工艺和处理方法，实行高起点、大批量的起步方针，很快形成一定规模；企业初步做到按市场机制运行。

20 世纪 80 年代中期中国汽车产业初步实现与世界产业的接轨。20 世纪 90 年代，由于中国社会经济制度发生了从统一计划经济向社会主义市场经济的重大转变，加入世界贸易组织（WTO），促使中国的汽车产业走上逐渐国际化大循环的道路。

自 1994 年《汽车工业产业政策》发布并执行以来，中国汽车工业的企业生产规模、汽车产销量、产品品种、技术水平、市场集中度等均有了显著的发展。进入 21 世纪，国内外环境发生了深刻变化，中国汽车工业面临着严峻挑战，一些深层次的矛盾和问题也逐渐暴露出来，但同时也有良好的发展机遇。为了促进汽车工业的健康发展，需要有一个具有创新性、前瞻性、科学性，并具有指导意义的产业政策。因此，国家发展改革委员会于 2004 年 6 月 1 日正式颁布实施《汽车产业发展政策》。

与 1994 年《汽车工业产业政策》相比，新颁布的《汽车产业发展政策》具有七个方面的特点：

（1）取消了与世贸组织规则和我国加入世贸组织所做承诺不一致的内容。

（2）大幅减少行政审批，依靠法规和技术标准，引导产业健康发展。

（3）提出了品牌战略，鼓励开发具有自主知识产权的产品，为汽车工业自主发展明确政策导向。

(4) 引导现有汽车生产企业兼并、重组，促进国内汽车企业集团做大做强。

(5) 要求汽车生产企业重视建立品牌销售和服务体系，消除消费者的后顾之忧。

(6) 引导和鼓励发展节能环保型汽车和新型燃料汽车。

(7) 对创造更好的消费环境提出了指导性的意见。其具体目标是使我国汽车产业在2010年前发展成为国民经济的支柱产业。

1992年我国汽车年总产量突破100万辆，到2000年汽车年总产量达到200万辆，此间增长100万辆用了8年。进入21世纪，我国汽车年总产量迅猛增加，2002年突破300万辆，2003年突破400万辆，2004年突破500万辆。短短的几年，100万辆的增长幅度不超过1年。

从1984年到2005年，我国的汽车年总产量增长了17倍，由31.6万辆提高到570万辆，其中乘用车增长了654倍，由0.6万辆提高到393万辆；中国逐步成为世界汽车生产大国。

在总体发展目标上，我国要在20年左右的时间里成为世界上最大的汽车生产国，同时努力成为汽车技术强国之一。

1.2 现代汽车发展新趋势

随着科学技术的不断发展，各种汽车新结构、新技术不断涌现。目前，汽车发展已经显现了新的趋势。

1. 汽车能源向多元化发展

进入21世纪以来，人类面临的最紧迫的问题是环境问题和世界性的能源危机。一方面，汽车尾气的大量排放加剧了环境污染。汽车排放物中的有害气体如一氧化碳、碳化氢、碳化物、铅和可吸入颗粒物等是城市大气污染的罪魁祸首。另一方面，汽车已成为能源的最大消费者。据统计，每年汽车用油量要占世界石油总产量的九成。此外，目前内燃机的热效率低下，燃料燃烧产生的热量只有35%~40%可用于汽车行驶。在这种形势下，探求新能源的工作已成为当务之急。到目前为止，世界上已经推出了以甲醇、乙醇等作为代用燃料的燃料电池汽车、太阳能汽车以及电动和混合动力等新能源汽车。

2. 汽车电子化、智能化

随着现代电子技术的飞速发展，计算机技术和控制技术越来越广泛地应用在汽车上，使得汽车更加智能化。目前，计算机技术和电控技术在发动机、传动系统、悬架系统、转向系统均有不同程度的应用，从而显著提高了汽车的使用性能，提升驾驶员的驾驶体验。

3. 汽车安全性的提升

自汽车问世，全世界因车祸丧生的人数已超过第二次世界大战中的死亡人数，死亡人数已超过 2 000 万，致残的人数有 4 亿~5 亿。中国官方统计数字报告，每年因道路交通事故死亡的人数超过 10 万，伤残人数达到 50 万；每 5 min 约有一人死亡，每 1 min 都会有一人因为交通事故而伤残。每年因交通事故造成的经济损失达数百亿元。

因此，如何提高汽车的安全性成为人们关注的问题。提高汽车安全性包括以下两方面：一是如何减少事故对人员的伤亡，即被动安全性；二是如何避免发生事故，即主动安全性。

4. 自动驾驶的发展

公路等级的不断提高，高速公路的迅速发展，汽车行驶速度的大幅提高，汽车保有量的大量增加，都意味着交通系统对人们驾驶技术的要求越来越高。另外，交通事故的频发无疑在深刻地影响着人们的日常生活。在汽车技术开发领域，人们普遍认为技术比人类更可靠，而作为高新科技水平代表之一，自动驾驶满足了让人们对汽车技术发展的迫切需求。因此，自动驾驶被各大汽车企业提上研究日程，被国内外科研机构作为研究重点并投入大量的人力和物力。除此之外，自动驾驶和车联网相结合，形成一个庞大的移动车联网络，能大幅提高公路的通行能力，大量减少公路交通堵塞和拥挤，降低汽车油耗，可使城市交通堵塞和拥挤造成的损失减少。

第 2 章 汽车发动机新技术

2.1 发动机进排气控制

汽车进排气系统的主要工作是排出气缸内燃料燃烧后产生的废气，并向气缸内尽最大量充入新鲜的空气，以增加可燃混合气的总量，进而提高发动机的输出转矩与功率。其中，汽车进气系统负责将新鲜空气尽可能多地充入气缸内，并尽可能平均每个气缸的进气量，通常由节气门、空气滤清器、进气管等组成。汽车排气系统是指收集并且排出废气的系统，一般由排气管、排气歧管、排气温度传感器、催化转换器、汽车消声器和排气尾管等组成。

2.1.1 发动机进气控制系统

目前，有以下几种能够提高进入气缸空气量的进气控制系统，主要包括进气谐波增压控制系统、动力阀控制系统和可变配气相位控制系统等。

1. 进气谐波增压控制系统

进气谐波增压控制系统提高充气效率的工作原理是利用进气气流惯性产生的压力来提高充气效率。当气体高速流向进气门，如果进气门突然关闭，进气门附近的气体会突然停止流动。但由于气流的惯性作用，此时进气管中的气体仍然会继续流动，导致进气门附近的气体被压缩，使得气压增强。惯性作用结束后，被压缩的气体开始膨胀，向与进气气流相反的方向流动，气压减弱。膨胀气体传到进气管口再次被反射，形成压力波。这种进气压力脉动波与进气门的配气相位相配合，可使进气管内的空气产生谐振，利用谐振效果在打开进气门时形成增压进气效果有利于增加发动机的输出转矩和功率。

当进气管较短时，谐振压力波的波长也较短，有利于发动机在高速范围内输出功率增加;当进气管较长时,谐振压力波的波长也较长,这样有利于发动机在中、低转速时转矩增加。若随转速的大小变化发动机进气管的有效长度也能做出相应改变,则能使发动机在整个转速范围内充分利用进气谐振效应,可以更有效地提高发动机的动力性。

图2-1所示为一种典型进气谐波增压控制系统的结构。在发动机其他结构相同的情况下,在进气管中部增加了真空罐与谐振室、真空电动机、真空电磁阀、转换阀等控制机构。真空罐与谐振室通过单向阀连通,为系统提供真空源;真空电动机经真空电磁阀与真空罐相通,可控制转换阀开和关。当发动机高速运转时,ECU使真空电磁阀通电,真空罐与真空电动机相通,从而使真空电动机在负压的作用下产生移动而打开转换阀。当发动机低速运转时,ECU使真空电磁阀断电,真空罐与真空电动机截止,从而使转换阀关闭。此时,进气脉动压力波在最长距离内传递,适宜发动机在中、低转速区域形成谐振增压效果。此时,因为大容量谐振室的参与,压力波在谐振室与进气门之间传播,缩短了其传播距离,高速时的谐振增压效果明显提高。

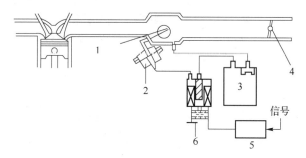

1—转换阀;2—真空电动机;3—真空罐;4—节气门;5—发动机ECU;6—真空电磁阀。

图2-1 典型进气谐波增压控制系统的结构

2. 动力阀控制系统

动力阀控制系统的作用是改善发动机的动力性,通过控制发动机进气道的空气流通截面大小,来适应发动机不同转速和负荷时的进气量需求。

动力阀控制系统的工作原理是在进气量较少的低速、小负荷工况下,适当减小进气道空气流通截面,可以有效提高进气的流速,增大进气流惯性,使得发动机的充气效率提高。另外,提高进气流速,能够增强气缸内的涡流强度,有利于低速小负荷工况下的燃烧和热效率的提高,从而改善发动机的低速性能。在进气量较多的高速、大负荷工况下,适当增大进气道空气流通截面,不仅可以减小进气阻力,还可以抑制由进气流速过高而导致的燃烧室内气流扰动,更加有利于改善高速时发动机的性能。

ECU控制的动力阀控制系统如图2-2所示。安装在进气管上的控制进气道空气流通截面大小的动力阀,其开闭由膜片真空气室控制,ECU根据各传感器信号通过真空电磁阀(VSV阀)控制真空罐与真空气室的真空通道。当发动机大负荷运转时,进气量较多,ECU接通真空电磁阀搭铁回路,真空罐中的真空度经真空电磁阀进入膜片真空气室,动力阀开启,进气通道变大。当发动机小负荷运转时,进气量较少,ECU断开真空电磁阀搭铁回路,真空罐中的真空度不能进入膜片真空气室,动力阀处于关闭位置,进气通道变小。

动力阀控制系统的主要控制信号有发动机转速、温度、空气流量等。

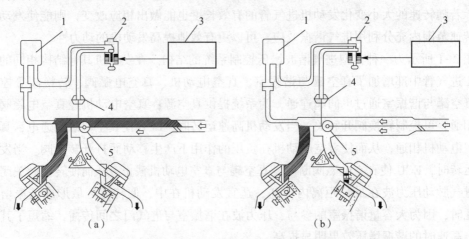

1—真空罐；2—真空电磁阀；3—ECU；4—膜片真空气室；5—动力阀。

图 2-2　ECU 控制的动力阀控制系统
(a) 发动机大负荷运转；(b) 发动机小负荷运转

3. 可变配气相位控制系统

发动机可变气门正时技术（Variable Valve Timing，VVT）是针对传统发动机中，发动机某些重要性能因气门定时固定不变而致使在其整个运行范围内不能很好地满足工作需要而提出的。VVT 技术使得发动机气门升程和配气相位正时可以根据发动机工况做实时的调节，在发动机运行工况范围内提供最佳的配气正时，有效地解决了高转速与低转速、大负荷与小负荷下动力性与经济性的矛盾，同时在一定程度上改善了排放性能。

如图 2-3 所示，VVT 系统主要由相位调节器和机油控制阀（Oil Control Valve，OCV）组成。OCV 为该系统的控制器，而相位调节器为该系统的执行器。发动机管理系统（Engine Management System，EMS）根据节气门开度传感器、发动机水温传感器、转速传感器、空气流量计等传来的信号，查找发动机在各种工况下所需的点火控制曲线图，运算得出发动机在该工况下所需气门正时角，即目标位置；同时，发动机管理系统 EMS 根据凸轮位置传感器和曲轴位置传感器传来的反馈信号计算得出的凸轮轴的实际位置。经过目标位置和实际位置之间的比较，根据 EMS 的控制策略，向 OCV 发出动作信号，通过调整控制阀中阀芯位置，来改变油路中机油流向和流量大小，以油压方式把提前、滞后、保持不变等信号反馈至 VVT 相位器空腔内，实现相位器内部定子与外部转子之间的相对转动，调节凸轮轴的正时角度，从而达到调整进气（排气）的量以及控制气门开闭时间。

另外，通过可变气门驱动机构也可以控制涡轮增压汽油机的负荷和增压压力。通常，在涡轮增压汽油机中，是通过节气门和废气放气阀来控制负荷和增压压力。用节气门控制涡轮增压汽油机的负荷有着随负荷的减小而泵损失急剧增加的缺点，而且该缺点比在自然吸气式汽油机中更为明显。用废气放气阀来控制涡轮增压汽油机的增压压力，不但会引起负的扫气压差，而且也直接浪费废气能量。利用可变气门驱动机构控制其负荷和增压压力，不但省去了节气门和废气放气阀这两个机构，同时也消除了它们在控制负荷的自然吸

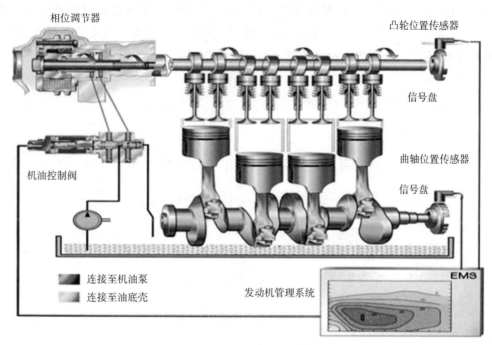

图 2-3 VVT 发动机组成

气式汽油机中由于内部膨胀冷却所引起的混合气温度过低,导致其燃烧不良的缺点。因为在涡轮增压汽油机中,进气道中的混合气温度往往高于环境温度,当可变气门驱动机构运作时,引起的内部膨胀冷却正好有提高中冷器冷却效率的作用,这有利于削弱增压汽油机的爆震倾向。

2.1.2 发动机排气控制系统

汽油发动机排出的有害气体的主要成分是 CO、HC、NO_2 等。汽车发动机排放的控制和净化工作,主要由燃油蒸发排放控制系统、废气再循环(EGR)控制系统、三元催化转换控制系统及二次空气喷射控制系统等来完成。

1. 燃油蒸发排放控制系统

燃油蒸发排放控制系统,又称为汽油蒸气控制回收系统,其主要作用是,通过收集燃油箱内的燃油蒸气,并将其蒸气导入气缸参加燃烧,以防止燃油蒸气直接排入大气而造成污染。

利用真空进行控制的燃油蒸发排放控制系统的组成如图 2-4 所示。油箱盖上不设蒸气放出阀,只有空气阀。炭罐与油箱之间由排气管和单向阀连接,当油箱内的燃油蒸气超过一定压力时,燃油蒸气会顶开单向阀经排气管进入炭罐,通过罐内活性炭将燃油蒸气吸附在炭罐内。发动机工作时,通过定量排放孔、吸气管将炭罐内的燃油蒸气吸入进气管。炭罐上端设有一个膜片式真空控制阀,膜片上方为真空室,控制阀用来控制定量排放孔的开闭。真空控制阀与进气管之间的真空管路中设有用以调节真空室的真空度的电磁阀,该电磁阀受 ECU 控制，可改变真空控制阀的开度，从而控制吸入进气管的燃油蒸气量，以防止使进气管吸入炭罐内的燃油蒸气后混合气变浓。炭罐下方设有进气滤芯并与大气相通，使部分干净的空气与炭罐内的燃油蒸气一起被吸入进气管。

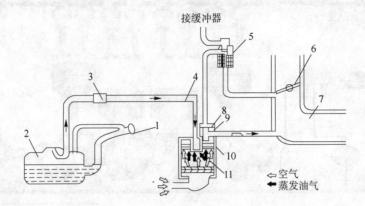

1—油箱盖；2—油箱；3—单向阀；4—排气管；5—电磁阀；6—节气门；7—进气门；
8—真空阀；9—真空控制阀；10—排放孔；11—活性炭罐。

图 2-4　燃油蒸发排放控制系统的组成

2. 废气再循环（EGR）控制系统

在高温、高压条件下，空气中的氮气与氧气易发生反应生成 NO_x。发动机排出的 NO_x 的多少主要取决于气缸内的最高温度，气缸内最高温度越高，排出的 NO_x 量就越多。

EGR 控制系统的功能是将适量的废气重新进入气缸参加二次燃烧，这样能够降低气缸内的最高温度，以减少 NO_x 的排放量。为了保证发动机工作性能不受到过多影响，根据发动机的工况，控制废气的再循环量。

目前，采用 ECU 控制的 EGR 系统主要有开环控制 EGR 系统和闭环控制 ECR 系统两种。在开环控制 EGR 系统中，ECU 根据各传感器监测确定发动机工况，并根据其内存的 EGR 率、负荷与转速的对应关系进行控制，但是对其控制的结果不能进行检测。而在闭环控制 EGR 系统中，能够检测出实际的 EGR 率或 EGR 阀开度作为反馈控制信号，ECU 根据此反馈信号调整 EGR 阀的开度，使 EGR 率保持在最佳值。

3. 三元催化转换控制系统

三元催化转化器安装在排气管中部消声器内，主要是在 300~900 ℃ 的温度下，利用含有铂（Pt）、钯（Pd）、铑（Rh）等贵重金属的催化作用将发动机排出的 NO_x、HC、CO 等有害气体转换成无害气体，实现对废气的净化。其化学反应过程如图 2-5 所示。

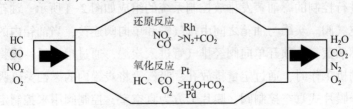

图 2-5　三元催化转换器的化学反应过程

三元催化转换器能够将有害气体转化成无害气体，其效率受诸多因素的影响，其中影响最大的因素是混合气的浓度和排气温度。

三元催化转换器的转换效率与混合气浓度的关系曲线如图2-6所示。只有在理论空燃比14.7∶1附近很窄的范围内，能够达到对三种有害气体（CO、HC、NO_x）比较高的转化效率。超出这个范围，就会出现CO和HC排放正常，但NO_x排放量大幅上升；或者NO_x排放正常，而CO和HC排放大幅上升的情况。为将实际空燃比精确控制在标准的理论空燃比附近，通常，装有三元催化转换器的汽车上还配备氧传感器，用来检测废气中氧含量，测得氧传感器信号输送给ECU用来对空燃比进行反馈控制。

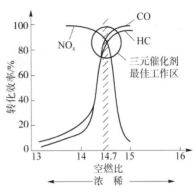

图2-6 三元催化转换器的转换效率与混合气浓度的关系曲线

利用排气本身的热量激发催化剂的表面活性作用，其使用温度范围以活化开始温度为下限，以过热引起催化转换器故障的极限温度为上限。一般需要达到250℃以上，排气中有害成分开始转化，而发动机起动预热5 min后，才能达到此下限温度。一旦活化开始，反应放热便能够使得催化床持续保持高温。保持催化转换器高净化率、高使用寿命的理想运行条件的使用温度为400~800℃，使用温度的上限为1 000℃。当发动机的排气温度超过815℃时，三元催化转换器的转换效率将显著降低。为此，有些发动机装有排气温度报警装置，当报警装置监测到发动机温度过高发出报警时，应停机熄火，进行故障排除，查明排气温度过高的原因。排气温度过高一般是由于发动机长时间在大负荷工作或发动机故障而导致燃油燃烧不完全所致。

4. 二次空气喷射控制系统

在一定工况下，将新鲜空气输进排气管，使废气中一氧化碳和碳氢化合物进一步发生氧化反应，从而降低有害气体的排放量，同时加快三元催化剂的升温。

电控二次空气喷射控制系统如图2-7所示。二次空气控制阀由舌簧阀和膜片阀组成。来自空气滤清器的二次空气进入排气管的通道受膜片阀控制，进气歧管的真空度驱动膜片阀的开闭，其真空通道由ECU通过电磁阀控制。

接通点火开关后，蓄电池即向二次空气电磁阀供电，ECU控制电磁阀搭铁回路。当电磁阀不通电时，通向膜片阀真空室的真空通道关闭，膜片阀弹簧推动膜片下移，二次空气供给通道关闭，停止向排气管内提供二次空气。ECU给电磁阀通电时，膜片阀真空室的真空通道由电磁阀开启，膜片阀被吸起，排气管内的脉动真空即可吸开舌簧阀，使排气管内进入二次空气。有些发动机的二次空气喷射控制系统，利用空气泵将新鲜空气强制送入排气管。

当电控燃油喷射系统进入闭环控制、发动机转速和负荷超过规定值、冷却液温度超过规定范围、ECU发现有故障等情况下，ECU将停止向二次空气电磁阀通电。

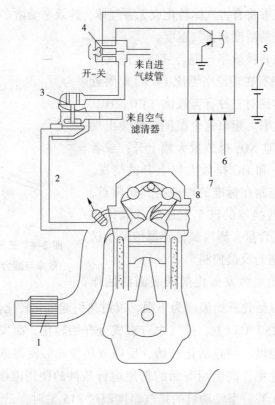

1—催化转换器；2—氧传感器；3—二次空气控制阀；4—二次空气电磁控制阀；5—点火开关；
6—发动机转速传感器；7—发动机冷却液温度传感器；8—节气门位置传感器。

图 2-7 电控二次空气喷射控制系统

2.1.3 进排气双连续可变气门正时技术

采用进排气双连续可变气门正时（Dual Variable Valve Timing, DVVT）技术的发动机，比目前市场上较多采用的进气门正时技术的发动机更高效、节能、环保。DVVT 发动机不仅通过控制发动机燃烧室中的汽油与空气混合气体的空燃比，使其达到最合适的比值，有效提升发动机的动力性，同时还明显改善了怠速稳定性，从而获得较好的舒适性。

DVVT 发动机是目前气门可变正时系统技术中最高级的形式，是 VVT 的延续和发展。与 VVT 发动机原理类似，利用一套相对简单的液压凸轮系统实现功能。区别在于，VVT 的发动机只能调节进气门，而 DVVT 发动机可实现对进排气门同时调节，具有低转速大转矩、高转速高功率的优异特性，处于更先进的技术层面。

2.2 双火花塞点火

复合点火发动机指的是发动机的每个气缸采用 2 个或者 2 个以上火花塞。

2.2.1 双火花塞点火系统的基本结构

双火花塞点火系统的结构是在半球形燃烧室两侧对称布置 2 个同型号火花塞,这 2 个火花塞与燃烧室中心的距离相等,在发动机怠速或低速的工况下,仍采用单火花塞点火;在正常的工况下,采用 2 个火花塞同时点火。这种情况下,由于 2 个火花塞同时着火爆炸燃烧,不仅缩短了一半火焰传播距离,而且短时间内产生较强烈的涡流,极大程度地加快了火焰的传播速度。双火花塞系统基本结构如图 2-8 所示。

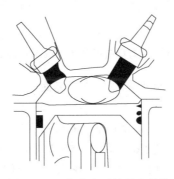

图 2-8 双火花塞系统基本结构

2.2.2 双火花塞与排气再循环(EGR)联姻点火系统

采用排气再循环(EGR)装置原本就是世界上降低废气排放的主要有效措施之一,尤其是其能够大幅减少很难处理的 NO_x 的排放量这一优点,双火花塞点火新技术与排气再循环(EGR)联姻后,不但 NO_x 排放量降低了 40%~70%,而且更有利于节油。因为它减少了节流损失,能够降低燃烧温度从而减少冷却过程中的损失,并且可以增加参与燃烧过程的气体数量,使工质组成发生变化,改变工质的绝热指数,提高热效率。双火花塞点火,不仅有利于排气再循环的节油作用,同时,还加快燃烧速度,缩短燃烧时间,提高等容度。因此,使用双火花塞点火新技术后可使排气再循环率提高到 15%~20%,在燃烧稀混合气的情况下,极大程度地提高了节油表现。试验结果表明,在点火时刻最佳转矩、最小点火提前角、最低 NO_x 排放量的情况下,相比于常规发动机,双火花塞点火的油耗可大幅降低 10%以上。

1. 双火花塞与排气再循环(EGR)联姻点火系统的组成

双火花塞与排气再循环(EGR)联姻点火系统的初级低压电路由蓄电池、点火开关和 2 个点火线圈组成。该分电器与一般分电器不同,具有 1 个凸轮轴和 2 套触点。2 个点火线圈的次级高压线分别接分电器的 2 个输入端。双火花塞与排气再循环(EGR)联姻点火系统如图 2-9 所示。

控制电器的功能是在车辆挂挡车速不足 40 km/h,且进气管真空度达到某规定值时,根据真空开关和变速器开关送来的信号,关闭排气再循环控制阀电源,停止排气再循环,防止在低速、低负荷行驶情况下加入废气,使燃烧恶化;同时断开排气门其中一侧火花塞点火线圈的低压电源,令其停止点火(低速低负荷工作状态下,排气再循环系统停止工

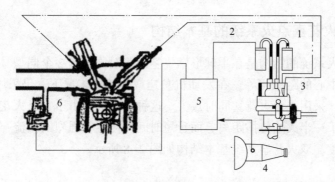

1—点火线圈；2—高压线；3—分电器；4—变速器开关；5—控制电路；6—真空开关。
图2-9 双火花塞与排气再循环（EGR）联姻点火系统

作，浓混合气容易着火燃烧，为防止爆燃和节省电能，必须关闭），发动机此时变为1个火花塞点火运行。

当车辆正常行驶，车速超过40 km/h时，接收到变速器开关和真空开关送来的信号，打开废气再循环控制阀的电源，使EGR系统重新进入工作状态；同时接通排气门一侧火花塞点火线圈的低压电源，令发动机的2个火花塞同时工作。

2. 双火花塞与排气再循环（EGR）联姻点火系统的工作原理

当活塞1上升至上止点，并且新鲜可燃混合气被压缩至终点后，2个火花塞2同时点火，使混合气瞬间爆炸燃烧，推动活塞1向下做功，等排气门打开后，通过排气管上的开口4让小部分高温高压排放废气高速流入排气再循环控制阀5，排气再循环控制阀5根据行驶速度、负荷等不同工况，控制EGR率，即控制废气引进量，然后从进气管上的开口3进入气缸，人为地将一小部分排放废气通入燃烧室。双火花塞与排气再循环（EGR）联姻点火示意图如图2-10所示。

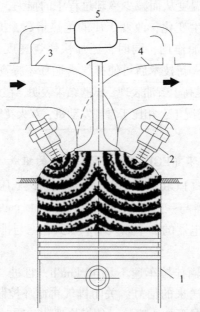

1—活塞；2—火花塞；3—进气管；4—排气管；5—排气再循环控制阀。
图2-10 双火花塞与排气再循环（EGR）联姻点火示意图

2.3 缸内直喷技术

随着社会越来越重视节能和环保等问题,作为缸内直喷汽油机稀薄燃烧技术,在燃油经济性、动力性、排放性能等方面都有卓越的表现和前景。汽油缸内直喷(Gasoline Direct Injection,GDI)技术作为新的一种燃烧方式已经成为汽车工业发展的重要方向,得到了广泛研发和关注。

2.3.1 燃油缸内直喷技术原理

缸内直喷汽油机喷油嘴安装在燃烧室内,典型结构如图2-11所示。

与传统发动机那样喷入进气歧管进行预先混合不同,电子控制单元需要根据传感器测得的参数进行计算得到所需的供油量,并及时传达喷油指令给喷油嘴,使燃油直接喷注在燃烧室;空气通过进气门与汽油在燃烧室混合成混合气被点燃做功。缸内直喷发动机工作示意如图2-12所示。

1—喷油嘴;2—火花塞。
图2-11 缸内直喷发动机结构图

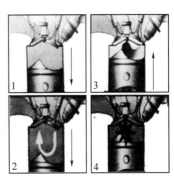

图2-12 GDI发动机工作示意图

汽油喷射的位置是直喷式发动机(缸内喷注式汽油发动机)与一般汽油发动机的主要区别;借鉴柴油机直接将柴油喷入缸内的理念,GDI装置直接在缸内喷射汽油,利用缸内气体流动与空气混合组织形成分层燃烧。另外,汽油直喷入缸内更易于汽油的雾化,使汽油和空气能够更充分地混合,使得燃烧效果更完全。由于喉管在进气管道中相对较大,所以有着空气流动的阻力小、充气性能更好的特性,因而输出的功率也会较大。喷油嘴喷油后大部分油雾都集中在活塞的凹坑中,利用进气系统形成涡流带动油雾在缸内形成混合气,与周围的稀区形成分层气体。虽然混合比达到40:1,但高压旋转喷射器喷射出雾状汽油,在压缩行程后期的点火前夕,气体的纵涡流将其融合成球状雾化体,形成一种以火花塞为中心由浓到稀的层状混合气。因为聚集在火花塞附近的混合气浓度很高,所以非常容易点火燃烧。

缸内直喷汽油机稀薄燃烧技术有两种燃烧模式：均质稀燃和分层稀燃。中小负荷时，在压缩行程后期开始喷油，通过与燃烧系统的合理配合，在火花塞附近形成较为浓厚的可燃混合气，在远离火花塞的区域，形成稀薄分层混合气；大负荷及全负荷时，在早期进气行程中就开始向气缸内喷洒燃油，使燃油与空气有充足的时间混合，形成完全的均质化计量比进行燃烧。

另外，分段喷油技术分层混合气也被采用，其形式是在进气早期开始喷油，气缸中燃油均匀分布，在进气后期进行二次喷油，达到最终在火花塞附近形成较浓的可燃混合气的目的，这种在一个循环中将其喷油量分两次喷入气缸的方式可以很好地实现混合气的分层。

2.3.2 燃油缸内直喷发动机分类

GDI发动机开发了新型燃烧系统，为了获得较高的燃油经济性并且降低发动机的尾气排放，每一种燃烧系统都有各自的混合气形成燃烧控制和降低排放技术。按照燃烧系统和控制策略的不同，GDI发动机可以分为8类。表2-1所示为GDI发动机的分类，表中前5种按照燃烧系统的形式分类，第6~8种按照控制策略进行了分类。

表2-1 GDI发动机的分类

分类依据	分类	特点
喷油嘴和火花塞之间的距离	窄间距	火花塞靠近喷嘴，火花直接点燃油束外围混合气，喷束引导燃烧系统属于此分类
	宽间距	火花塞和喷嘴之间的间距较大，通过气流运动或燃油与面壁之间的相互作用实现分层，气流引导型和壁面引导型燃烧系统属于此分类
产生层流充气的方式	喷束引导型	通过燃油喷射扩散和混合形成分层，火花塞靠近喷油器点燃油束外围，属于窄间距分类
	壁面引导型	燃油喷向活塞头部的凹坑，通过壁面形状和燃油喷雾的相互作用实现分层，属于宽间距概念分类，目前为量产发动机中应用最多的形式
	气流引导型	通过燃油喷射和缸内气流运动形成分层充气，属于宽间距分类
气流运动型	滚流	应用滚流产生或辅助分层充气
	涡流	应用涡流产生或辅助分层充气
喷嘴位置	中心喷射	喷嘴位于燃烧室中央，火花塞与喷嘴的间距较窄
	侧面喷射	喷嘴位于燃烧室的外缘，一般在进气门的一侧，火花塞通常位于燃烧室中央

续表

分类依据	分类	特点
喷嘴类型	单一液相喷射	使用单一液相燃油,通常用于高压,是目前最为广泛使用的类型
	辅助空气增压喷射	喷油时刻空气和燃油同时喷入气缸内,使用适合的燃油和空气压力
燃油分布	均质	缸内形成均质混合气
	分层混合气	缸内形成分层混合气
喷油时刻	早喷	进气冲程喷油形成均质混合气
	后喷	在压缩冲程喷油形成分层混合气
空燃比	浓混合气	发动机在浓于理论空燃比下工作,充气可以均质或分层
	理论空燃比	发动机在理论空燃比下工作,充气可以均质或分层
	稀混合气	发动机在稀于理论空燃比下工作,充气可以均质或分层(局部可能浓于理论空燃比)

2.4 稀薄燃烧技术

稀薄燃烧技术是一种新提出的技术,该技术驱动发动机做功所燃烧的混合气是稀混合气。其工作流程为:首先,喷油嘴喷出少量燃油,通过活塞头的特殊导流槽与空气混合,形成局部的高浓度混合气并达到点燃浓度的下限,通过火花塞点火。火焰由点燃处扩散,逐渐点燃周围的稀薄混合气,达到用最少量的燃油达到燃烧的目的。当发动机的空燃比大于 18∶1,就可以定义为稀薄燃烧。稀薄燃烧技术不仅能够充分利用燃料,还可以大幅减少发动机的换气损失,提高燃油经济性,而且能降低污染物的排放量,改善排放性能。

稀薄燃烧按供给方式可分为均质燃烧和非均质燃烧两种。分层燃烧是实现稀薄燃烧的主要方式,是稀薄燃烧中的非均质燃烧;均质充量压缩燃烧是稀薄燃烧中的均质燃烧技术。

2.4.1 分层燃烧

分层燃烧是一种在气缸内形成多层不同浓度的混合气的技术,在接近火花塞点火层的混合气浓度较大,而在远离火花塞的位置(靠近气缸壁与活塞顶部)的混合气相对稀薄。在气缸内,形成由火花塞向远离处,混合气的浓度由浓到稀,为分层燃烧做好准备。

缸内分层燃烧技术如图 2-13 所示,分层燃烧要进行两次喷油。当发动机活塞处于进气行程下止点时,ECU 控制喷油嘴进行第一次喷油,目的是先在气缸内形成稀混合气,此时喷油嘴向气缸内喷入少量燃油;第二次喷油是为了让火花塞点火处附近区域的混合气浓度变大,在发动机活塞压缩行程上止点时再向气缸内喷入一定量的燃油,利用活塞顶的特殊结构在火花塞附近形成浓混合气。最后,浓混合气在火花塞附近被点燃,并逐渐引燃气缸内的稀混合气,实现分层燃烧。

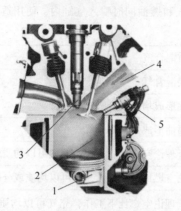

进气行程喷油(第一次喷油)

压缩行程末端喷油(第二次喷油)

1—活塞;2—气缸;3—火花塞;4—进气管;5—喷油器。

图 2-13 缸内分层燃烧技术

分层燃烧技术更适合用在低转速发动机上,对于改善低转速发动机的燃油经济性有很大的作用。但对于高转速发动机,发动机运转时其机内气流速度比较快,使其气缸内的涡流效应明显变弱的作用显著下降,难以实现分层燃烧。为解决这一问题,可以在高转速发动机运转时加大其喷油量,但也因此使其燃油消耗量增加。

2.4.2 均质充量压缩燃烧

均质充量压缩燃烧(Homogeneous Charge Compression Ignition,HCCI)是一种新提出的内燃机燃烧概念,与柴油机(非均质充量压缩点燃)和汽油机(均质充量火花点燃)均存在差异,是火花点燃式发动机和压缩点燃式发动机概念的混合体。汽油机、柴油机和 HCCI 发动机的燃烧比较如图 2-14 所示。

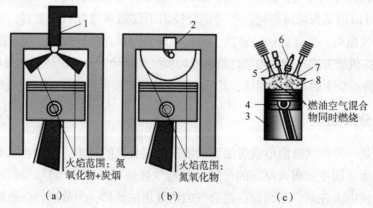

1,5—喷油器;2,6—火花塞;3—气缸;4—活塞;7—气门;8—燃烧室。

图 2-14 3 种发动机的燃烧比较

(a)柴油机:压缩点燃;(b)汽油机:火花点燃;(c)HCCI 发动机:均质充量压缩燃烧

HCCI 燃烧方式与汽油机、柴油机的燃烧机理不同，既不是火焰传播型，也不是扩散燃烧型，而与汽油机中爆震燃烧的末端混合气自燃机理有几分相似之处。在发动机压缩末期，混合气中的压力、温度及混合气浓度有多处达到自燃着火的下限值，这些区域最先被点燃。整个燃烧过程中，根据化学反应动力学机理，由于温度对化学反应速率的影响，缸内温度的变化对燃烧速率有着很大影响。由于燃烧过程中没有明显的火焰传播，混合与紊流都无法起到明显作用。图 2-15 所示为燃烧温度、局部混合气浓度与颗粒物、NO_x 排放的关系。不同于常规的柴油机与汽油机，在较为均匀的稀混合气中燃烧，最高燃烧温度有明显的降低，燃烧室内的燃烧相对均匀化，发动机应用 HCCI 燃烧方式在燃烧过程中没有出现局部的相对高温区域。由于均匀化导致局部混合气浓度变稀以及最高燃烧温度偏低，同时营造了不利于氮氧化合物和颗粒物生成的条件，较常规柴油机其氮氧化合物和颗粒物的排放量显著减少。

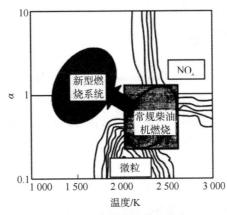

图 2-15 燃烧温度、局部混合气浓度与颗粒物、NO_x 排放的关系

对于发动机应用 HCCI 燃烧方式，虽然较低的燃烧温度也能增加 HC 和 CO 的排放量，但在稀混合气环境下 HC 和 CO 的氧化催化技术已很成熟，对其排放量的控制并不困难。

2.5 可变压缩比技术

可变压缩比（Variable Compression Ratio，VCR）技术的作用是使汽油发动机达到更低的燃料消耗率。为了防止爆震，在涡轮增压发动机中，其压缩比相较于自然吸气式发动机更低。在增压压力低时热效率降低，以降低燃油经济性。尤其是在涡轮增压发动机中由于增压度上升缓慢，在低压缩比条件下转矩上升也很缓慢，形成增压滞后现象（或称涡轮迟滞现象）。换言之，发动机低速时，增压作用滞后，增压系统要等到发动机加速至一定转速后才能起到作用。可变压缩比成为了解决这一问题的重要方法。就是说，在低负荷工况下，增压压力低，应当将压缩比提高到与自然吸气式发动机压缩比相同或超过；相反，在高增压的高负荷工况下适当降低压缩比。

2.5.1 可变压缩比的实现方案

由压缩比的定义可知，改变压缩比必须从怎样改变燃烧室容积和工作容积方面入手。发动机的燃烧室的构成分为活塞顶、气缸和气缸盖3部分，迄今为止出现的所有实现可变压缩比的方案都是围绕这3个元素而行的。通常采用的手段大致为以下3种：

（1）通过改变气缸盖的结构来实现；

（2）通过改变缸体结构来实现；

（3）通过改变活塞及曲柄连杆机构来实现。

下面介绍几种可变压缩比发动机。

2.5.2 萨博SVC发动机

萨博可变压缩比（Saab Variable Compression，SVC）发动机采用改变曲轴与气缸顶端间距 p 方法实现可变压缩比，如图2-16所示。为了实现压缩比可变，重新设计了缸盖结构，采用了一种全新的、非螺栓的，将缸盖与缸体通过液压控制构件连接在一起的集成式缸盖方案，SVC发动机的上半部分还可以进行偏转。SVC发动机大致由两大部分构成，其中缸盖、活塞、气门总成可称为第一部分，而连杆、曲轴箱则看作第二部分。与传统发动机一样，发动机运转时，该机型中位于下方的曲轴箱保持固定不动，但上方的气缸与活塞部分会借助液压机构的推力以曲轴为中心发生转动，从而改变燃烧室容积。

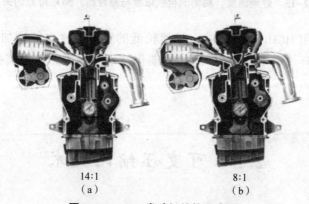

14∶1　　　　　　　　8∶1
(a)　　　　　　　　　(b)

图2-16　SVC发动机结构示意图

(a) 压缩比为14∶1；(b) 压缩比为8∶1

该发动机的压缩比可在8∶1~14∶1连续变化，它能产生165 kW最大功率和304 N·m的最大转矩，油耗却非常低，能比普通相同功率发动机减少超过30%的燃料消耗。另外，通过传感器监测，该款发动机的ECU能够判断汽油的标号，并选择最合适的压缩比。

2.5.3 法国 MCE-5 发动机

图 2-17 所示为法国 MCE-5 发动机。该技术是一种机械的组合方案,采用了附加装置来实现,整合了功率传输以及压缩比控制功能,该方案可替代传统的固定压缩比发动机组,能够让大量生产的可变压缩比发动机达到所要求的质量,从而使生产成本符合汽车工业所追求的效益标准。其结构是活塞往复运动的,实现是通过一个中间齿轮传动实现的,而不是通过连杆来直接驱动的。中间齿轮根据右边的控制齿条位置的变化来调整压缩比,控制齿条与控制阀相连,而控制阀是由 ECU 控制的。方案采用了长寿命的齿轮以及滚珠轴承系统导向的没有裙部的活塞,该结构避免了活塞产生垂直拍击和径向负荷,保证发动机的耐用性和可靠性,能有效地降低摩擦损失,提高机械效率。

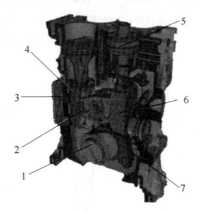

1—曲轴;2—齿轮;3—同步轮;4—活塞连杆;5—控制顶杆;6—控制架;7—连接环。

图 2-17 法国 MCE-5 发动机

MCE-5 采用的活塞只有很小的活塞裙部,降低了活塞与气缸的接触面积,也就解决了活塞侧击问题,这就使得摩擦损失大大的降低了,进而降低了发动机噪声。同时有着良好的密封性,提高了发动机效率。齿轮的配合精度高,提高了发动机的机械效率。

不同于传统活塞,MCE-5 技术可以和任何增压技术相配合使用,因为其侧向力不会随着增压而增加。并且 MCE-5 实现了长冲程,如果在传统机器上采用长冲程,会增加增压的响应时间,增长连杆,增大曲柄臂,但是 MCE-5 技术则不会。MCE-5 的控制杆不需要任何外加动力驱动,还可以防止过载。

2.5.4 多连杆 VCR 发动机

VCR 发动机的运动规律:通过上连杆与下连杆将活塞与曲轴连在一起。下连杆也通过控制连杆与控制轴偏心轴颈中心相连。曲轴的旋转带动下连杆围绕着主轴颈的中心旋转,同时以曲柄销的中心为轴转动。图 2-18 所示为多连杆 VCR 发动机。

压缩比改变的原理:偏心轴的中心向上移动使下连杆顺时针偏转,导致活塞的上、下止点的位置同时下降以降低压缩比。相反,偏心轴的中心向下移动时,压缩比会提高。压缩比可以根据发动机的转速与负荷来改变,如图 2-19 所示。

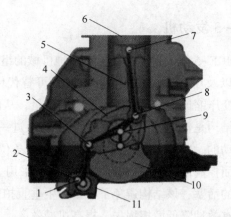

1—控制杆偏心轴颈；2—控制杆主轴颈；3—控制销；4—下连杆；5—上连杆；6—活塞；
7—活塞销；8—上连接销；9—曲柄销；10—曲轴；11—控制杆。

图 2-18　多连杆 VCR 发动机

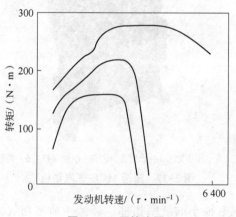

图 2-19　压缩比图

在低速低负荷时采用高压缩比 14：1 以获得燃油经济性最优效果；随着负荷的增大，为防止爆燃发生，应适当减小压缩比；将压缩比设为最低值 8：1，以实现在全负荷时采用高增压。

2.6　可变气缸技术

可变气缸技术指的是一项节能新技术，该技术能够根据道路情况或者驾驶员驾驶状态对发动机气缸工作状态进行调节，在不需要大功率的输出时，控制关闭一部分气缸，以减少燃料消耗。

目前，具有代表性的可变气缸技术有多段式排气量调节系统、可变气缸管理、主动式可变气缸管理系统等。

2.6.1 可变气缸管理

可变气缸管理（Variable Cylinder Management，VCM）是本田公司研发的一种可变气缸管理技术，它可通过在相应的情况下关闭个别气缸的方法使 3.5 L V6 发动机在 3、4、6 缸之间变化，即发动机排量也能在 1.75~3.5 L 变化，从而有效提升了节省燃油的性能，如图 2-20 所示。

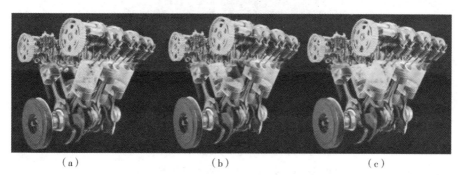

图 2-20 本田 VCM 可变气缸技术
（a）3 缸工作；（b）4 缸工作；（c）6 缸工作

在车辆需要大功率输出的情况下，如起步、加速或爬坡等，该发动机将会把 6 个气缸全部投入工作；在中速巡航和低发动机负荷工况下，系统仅让一个气缸组维持运转，即 3 个气缸；在中等加速、高速巡航和缓坡行驶时，发动机将会运转 4 个气缸。

借助三种工作模式，VCM 系统能够精确地确定发动机的工作排量，使其随时与行车要求保持一致。因为系统能够自动关闭非工作缸的进气门和排气门，所以可以很好地避免与进、排气相关的吸排损失，进一步提高了燃油经济性。VCM 系统综合实现了最高的性能和燃油经济性，在常规发动机上这两种特性通常无法共存。

VCM 通过 VTEC 系统关闭进、排气门实现中止特定气缸的工作，并由动力传动系控制模块切断这些气缸的燃油供给。在 3 缸工作模式下，后排气缸组不工作；在 4 缸工作模式下，前排气缸组的左侧和中间气缸正常工作，后排气缸组的右侧和中间气缸正常工作，另外前后各有一缸不工作。此外，非工作缸的火花塞会持续点火，以尽量减少火花塞的温度损失，避免气缸重新投入工作时出现不完全燃烧的情况，造成火花塞油污。该系统采用专用的一体式滑阀并通过电子控制，这些滑阀与缸盖内的摇臂轴支架一样起着双重作用。根据系统电子控制装置发出的指令，滑阀会选择性将油压导向特定气缸的摇臂，紧接着油压会推动同步活塞，实现摇臂的连接和断开。

VCM 系统对节气门开度、车速、发动机转速、自动变速器挡位选择及其他因素进行监测，以针对各种工作状态确定适宜的气缸启用方案。此外，该系统还可检测发动机机油压力是否适合 VCM 切换工作模式，以及催化转化器的温度是否保持在合理的范围内。为了使气缸在启用或停用之间的过渡能够平稳进行，系统会调整点火正时、线控节气门的开度，并相应地启用或解除变矩器锁定。最终，3 缸、4 缸和 6 缸工作模式间会在驾驶员无知觉的情况下流畅地完成过渡。

2.6.2 多段式排气量调节系统

多段式排气量调节系统（Multi Displacement System，MDS）通过判断发动机负荷、工作状况，能够以4缸或8缸的工作状态运转，发动机对称关闭4个气缸，剩下的4个气缸可组成了一台V4发动机，使发动机依然能够保持较好的平顺性，如图2-21所示。

图2-21 克莱斯勒MDS可变气缸技术

MDS系统的核心在于提高电控装置反应速度以及用于控制系统的更加成熟的算法等先进技术，但最重要的机械设备却是实现气缸禁用的气门挺柱。这种特殊的两件式滚轮挺柱的内部机构和外部套筒并非硬性连接，当发动机处于8缸工作状态时，它的内外两部分被两个受到弹簧作用力的连接销锁死，这时挺柱的内外部分都随凸轮轴转动从而可以推动顶杆正常地控制气门开合。当机油温度传感器感知发动机处于轻负荷的工作状态下，控制计算机会接通电磁阀电源，电磁阀通电后挺柱受到更高的机油压力而将连接销推入，从而使挺柱内部与套筒分离，此时外部的套筒仍然随着凸轮轴运转，而内部的推杆已经失去了作用。最终导致顶杆失去推动力，气门的弹簧机构就能保证气门持续处于关闭状态。气门关闭后，气缸也将停止内部的火花塞放电以及燃料注入的工作，发动机最终处于4缸工作状态。

MDS系统使发动机工作气缸在8缸和4缸之间切换，其最大的好处就是大大提高了发动机的燃油经济性。克莱斯勒对其进行的长期实验，结果显示，MDS系统在市区和高速公路行驶时的使用率分别为17%和48%，平均使用率达到40%，这样在各种行驶条件下，预计燃油经济性总体将提高10%。

另外，MDS系统还有一个成功之处就是运行速度，它可以在0.04 s内安静地完成气缸的切换，如此灵敏的切换速度使得MDS系统真正具有了实用价值。灵敏的切换带来的是让驾驶员不会为了适应它而去改变驾驶习惯以及乘坐的舒适性，同时只有灵敏的切换才能实实在在实现节省油耗的目的。

2.6.3 主动式可变气缸管理系统

主动式可变气缸管理系统（Active Cylinder Management，ACT）如图2-22所示。2、3

缸的4个凸轮分别对应一个ACT电磁阀,在工况允许的情况下,正常工作的凸轮被电磁阀切换成零角度凸轮,使得气门停止工作,2、3气缸停止喷油。

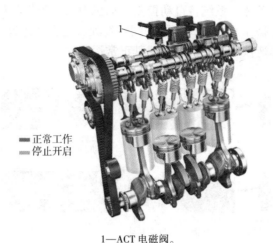

1—ACT电磁阀。
图2-22 大众可变气缸技术（ACT）

ACT主动气缸管理系统在发动机转速在1 250~4 000 r/min,即转矩输出在25~100 N·m时就会起动。这一转速和转矩范围十分宽泛,几乎涵盖了欧洲境内行驶循环下近70%的驾驶状态。当驾驶员踩下加速踏板时,两个气缸就会重启。借助该系统中加速踏板传感器和智能监测软件,能够探测出不规律的驾驶状态。如在车流中穿行或在乡村道路上高速行驶,系统将禁用气缸关闭功能。驾驶员可从驾驶室的多功能显示器上得知汽车当前是2缸运行还是4缸运行。该系统能够在发动机中低负荷运转状态下关闭第2缸和第3缸,因此能够将欧盟行驶循环的油耗降低0.4 L/100 km左右。在第3挡或第4挡以50 km/h的速度匀速行驶时,其油耗降低可达1 L/100 km。即使在第5挡以70 km/h的速度行驶,该系统也可将油耗降低0.7 L/100 km。

2.7 汽车起动/停止系统

起动/停止系统同时适用于手动挡车辆和自动挡车辆,其功能是降低怠速过程中的油耗和排放,在车辆停止时熄火,在将要起步时起动发动机。其整个过程无须驾驶员干预,都是由系统自动完成。在不改变驾驶员操作习惯的前提下,应用起动停止系统能够减少油量的消耗,达到降低排放的目的,而且,这个效果在拥堵的情况下表现愈发明显。

2.7.1 起动/停止系统的工作流程

1. 手动挡车辆怠速起停工作流程

如图2-23所示,手动挡的车辆一旦怠速起停功能开启且车辆遇到红灯或者拥堵路况而停车，带有起动/停止系统功能的发动机控制系统（ECU）通过传感器检测到驾驶员的操作信息（松离合、挂空挡制动等动作），判断驾驶员是否有停车意图，当车辆状况达到所有发动机停机的前提条件，系统将自动控制发动机熄火；当驾驶员准备起动车辆时，系统将再次根据驾驶员的操作（踩下离合器）判断驾驶员是否存在起动意图，然后输出起动命令至起动机，最后迅速恢复发动机工作使其正常运行。

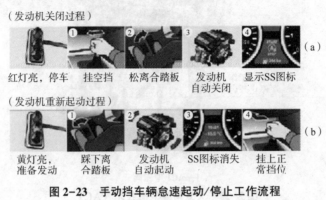

图 2-23　手动挡车辆怠速起动/停止工作流程
(a) 发动机关闭过程；(b) 发动机重新起动过程

2. 自动挡车辆怠速起动/停止工作流程

自动挡车辆怠速起动/停止系统的工作流程如图2-24所示，由于没有了离合器，虽然简化了流程，但增加了对驾驶员意图的判断难度，需综合考虑车辆其他状态。当车辆在红绿灯交通信号灯转为红灯时临时制动，驾驶员踩制动踏板使车辆迅速停止；系统通过传感器感知到驾驶员的这一动作监测车速、节气门、挡位等数据，判断驾驶员的停车意图，当车辆状态达到熄火条件时，系统自动控制发动机熄火。当交通信号灯由红灯转为绿灯，驾驶员松开制动踏板并加油，系统会再次根据操作信号判断出驾驶员意图，快速起动发动机令车辆继续前行。

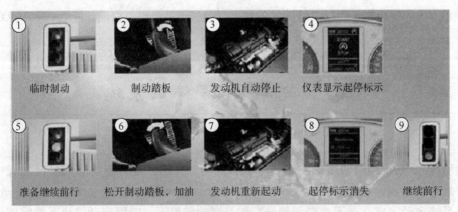

图 2-24　自动挡车辆怠速起动/停止系统的工作流程

2.7.2　汽车起动/停止系统电源方案

1. 采用升压电源

升压电源需要输入较低的输入电压，并在输出端输出较高的电压。因此，要选择可用于这些起动/停止系统的不同方案,包括低压降稳压器、电池反向保护方案以及各种升压方案。当输入端的电压小于 6 V 时,最简单的方案就是仅要求采用小于 0.3 V 余量的极低压降线性稳压器。该方案仅适用于电流要求较低的模块,如果遇到需要更大电流的模块,就需要寻求更多的方法了。

2. 以肖特基二极管或 P 沟道 MOSFET 替代电池反向保护的标准二极管

肖特基二极管的正向压降大约是标准整流器的 1/2,因此,它增添了不到 1 V 的电压余量。改用肖特基二极管足够简便,但要求 P 沟道 MOSFET(简称 P-FET)变更 PCB,所以还需要一些额外电路。

如图 2-25 所示,采用 P 沟道 MOSFET 提供电池反向保护。首先,需要合适大小的 P-FET,使其能够处理施加在模块输入端的电压,以及所要求的负载电流。同时,对系统散热性能要求很高,因为 FET 的功率耗散等于电流的平方乘以 FET 的导通电阻。

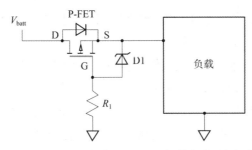

图 2-25 采用 P 沟道 MOSFET 提供电池反向保护

除此之外,齐纳二极管保护 MOSFET 的栅极氧化物免受由过压条件导致的操作。大部分 P-FET 的栅极至源极连接能够处理最高电压为 1 520 V,故齐纳二极管必须在此点之前设定钳位。电阻器拉动门下降到在 P-FET 的接地电平,但是电阻器的大小也必须适当地选择。如果电阻器的电阻太低,则将有过多的电流流过齐纳二极管,因而出现齐纳二极管的功率耗散问题,所以挑选电阻的阻抗不宜过低。然而,若电阻的阻抗太大,在此情况下 P-FET 的导通可能不会像期望一样可靠,而这种方案的构思是希望降低由漏极至源极两端的电压,所以电阻的阻抗也不能太高。

三种最常见的开关稳压器是降压/升压电源、单端初级电感转换器电源以及升压电压电源。

升压电源使用 1 个电感、1 个 N 沟道(即 N-FET)、1 个二极管及 1 个电容。其结构原理极其简单,但也存在一些缺点。例如一旦输出短路,因为输入与输出之间存在直接通道,就没有办法来保护它。另外,当输入电压上升至高于输出电压设定点时,由于输入电压恰好会流过电感和二极管到达输出,所以就没有办法来避免输出电压也上升。

另外还有一种可能的开关稳压器就是非反向降压/升压电源。与其他电源不同的是,非反向降压/升压电源仅使用 1 个电感和 1 个电容,但要求使用 2 个开关和 2 个二极管。这种方法能够实现在输入电压升高至高于输出电压时避免输出电压上升。

2.8 新型柴油机燃烧及排放控制技术

当前全球乘用车有着以下三个趋势：混合动力、柴油化及纯电动。世界上三大发达经济体都有其明确的发展方向。目前中国乘用车市场动力选择的未来发展趋势仍然处于模糊状态，但可以确定的是混合动力、柴油化、纯电动三者面向市场都将有发展空间，所以研究开发低排放、低油耗汽车新技术是时代的趋势，不可避免。

2.8.1 新型柴油机燃料

近年来，全世界都面临资源和环境的问题，新型燃料的研究及应用得到社会更进一步重视。根据我国能源资源特点，一种醇类含氧燃料（以甲醇、乙醇为代表）以及以二甲醚CDMFJ为代表的醚类含氧燃料出现在人们的视野，这种燃料能够明显改善柴油机的性能、排放以及缸内燃烧特性。具体工作表现在：

（1）在柴油中添加含氧添加剂对降低炭烟排放具有改善作用，能有效改善柴油机的性能和排放。根据研究显示，随着含氧量的增加，柴油机的炭烟排放量呈单调下降趋势。

（2）各种含氧燃料添加剂对降低柴油机的尾气排放均有改善效果，其中 NO_x 排放在含氧添加剂比例较低时变化不明显或略有增加，但当含氧添加剂的含量增加到一定量时，下降的缸内燃烧温度会导致发动机的 NO_x 排放下降。新型燃料柴油机和普通柴油机的性能一样，有相同的制动热效率，却有更低的燃油消耗率和更少的烟雾排放。

2.8.2 排放控制技术

1. 柴油排放技术路线

柴油机排气控制技术包含以下三种技术：后处理技术、发动机技术和燃油技术。

发动机技术也叫机内净化技术，是指优化燃烧，抑制氮氧化物 NO_x 和微粒 PM 生成的技术，是柴油机排放控制策略的重要组成部分。

后处理技术也叫机外净化技术，是指对发动机排出物质在进入大气前进行处理、进一步减少 NO_x 和微粒 PM 等污染物排放的技术。

燃油技术是指优化车用柴油质量品质规格，如质量、密度、蒸馏性态、十六烷值、硫含量、芳香烃含量等，达到减少 NO_x 和 PM 排放的目的。

发动机技术与后处理技术合并形成汽车技术。如图 2-26 所示，形象地示出了这三种技术的具体内容，如何让柴油机达到超低 NO_x、Soot 排放和高的热效率的研究已成为国内外内燃机界研究的热点。

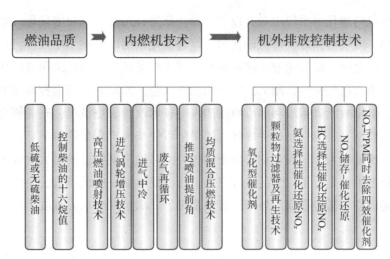

图 2-26　柴油机排放污染物控制技术

2. 柴油机排放机内净化技术

柴油机的压燃点火方式燃烧过程十分复杂，与有害物生成相关的燃烧特性因素很多，因此柴油机排放控制的关键在于找到兼顾排放、热效率等性能的理想放热量规律。以目前的技术水平来说，从排气后处理技术的角度，还无法找到一种能同时且持续净化 NO_x 和 PM 的技术，所以解决问题的关键又回到了发动机机内净化的研究。

因为柴油机的过量空气系数比汽油机大很多，所以 CO 和 HC 排放量也会相对大大降低，但由于微粒 PM 要比汽油机多，降低柴油机 NO_x 排放和微粒 PM 排放的方法措施之间即存在矛盾：有利于降低柴油机 NO_x 的技术措施都有使微粒 PM 排放增加的趋势，而减少微粒 PM 排放的技术措施又会使 NO_x 排放升高。数据显示，柴油机排放物中的微粒 PM 与氮氧化 NO_x 的浓度存在着一条权衡（trade-off）关系曲线，如图 2-27 所示。

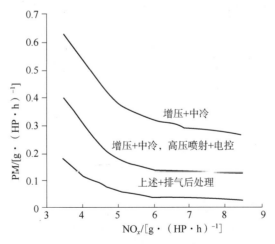

图 2-27　柴油机 NO_x 和 PM 的关系

柴油机的机内净化的手段主要有以下几种：低排放燃烧、燃烧室优化、电控高压喷射技术、多气门、废气再循环、降低油耗等。综合优化选用以上技术手段，污染物排放的水平能够降低到满足国三排放法规，甚至更好。增压柴油机，特别是采用高增压比和中冷技术后，可明显增大进气密度，增大缸内可用的空气量。如同时采用电控高压共轨喷射、高压燃油喷射、低排放燃烧系统和中心喷嘴四气门技术改善燃烧情况，则能够有效地控制颗粒物排放。试验结果表明，增压中冷技术的采用可使柴油机颗粒物排放降低。而在大负荷区，随着增压比的增大，与颗粒物排放密切相关的可见污染物排放也大大减少。近年来柴油机排放控制技术更是有了巨人的突破进展，相继提出了一些低排放、高燃油经济性的高效柴油机，能够在不需要任何后处理装置的情况下，满足高要求的排放法规。

第3章 新能源汽车

依据汽车动力组成，新能源汽车可以分为纯电动汽车、混合动力电动汽车以及燃料电池电动汽车三种。其中，纯电动汽车的动力来源是动力电池；混合动力电动汽车的动力由两种或者两种以上能源类型提供，如电池与汽油发动机、电池与柴油发动机，不同动力源互相协调为汽车提供动力；燃料电池电动汽车的动力来源则是燃料电池。

3.1 电动汽车

电动汽车通过驱动控制系统驱动电动机，带动驱动轮转动，从而在公路上行驶。储能动力为车载能源，包括动力蓄电池、超级电容、飞轮电池等。图3-1所示为几款比较有名的电动汽车。

图3-1 几款比较有名的电动汽车

(a) 福特 Think 电动汽车；(b) 比亚迪"唐"电动汽车；(c) 特斯拉 Model X 电动汽车

3.1.1 电动汽车及其分类

城市中的无轨电车、有轨电车均属于电动汽车，它们从高架线网接收电能。电动汽车与传统内燃机汽车存在许多不同之处，例如，传统内燃机汽车使用化石能源，如汽油和柴油,电动汽车则使用燃料电池或蓄电池;传统内燃机汽车的动力产生主要靠发动机,电动汽车则靠电动机等。

(1)根据驱动形式的不同,电动汽车可以分为交流电机驱动的电动汽车、直流电机驱动的电动汽车、双绕组电机电动汽车、双电机驱动的电动汽车以及电动轮电动汽车五种。

(2)根据用途,电动汽车又可以分为电动汽车、电动工业用车以及其他电动车辆,具体如图3-2所示。其中,电动客车主要依据乘客人数分类,轻型客车的载客量一般是25人以下,包括中巴和面包车,大型客车是25人以上。

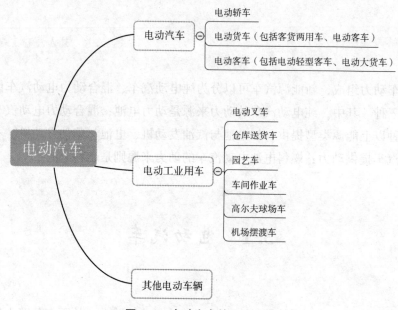

图3-2 电动汽车的用途分类

3.1.2 电动汽车的基本构造

电动汽车的基本构造和传统燃油机的大体一致,只是在一些关键部分有着根本性不同,如动力驱动系统和能源系统等。电动汽车主要由电机驱动系统、车载能源系统和辅助控制系统3部分构成。图3-3所示为电动汽车的简要结构模型。

1. 电机驱动系统

电机驱动系统主要包含驱动电机和整车控制器,如图3-4所示。电机的工作信息由电流传感器、电压传感器和温度传感器提供。

(1)电流传感器:检测电机的实际工作电流(包括母线电流、三相交流电流)。

(2)电压传感器:检测供给电机控制器的实际工作电压(包括高压电池电压、蓄电池电压)。

(3)温度传感器:检测电机控制系统的工作温度(包括模块温度、电机控制器温度)。

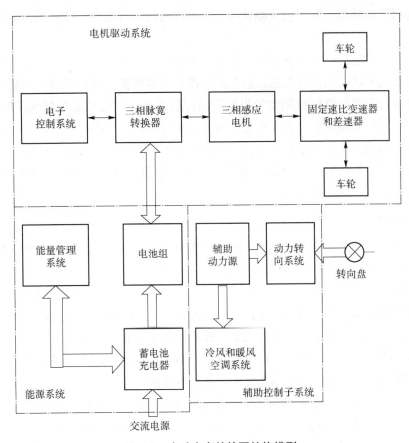

图 3-3 电动汽车的简要结构模型

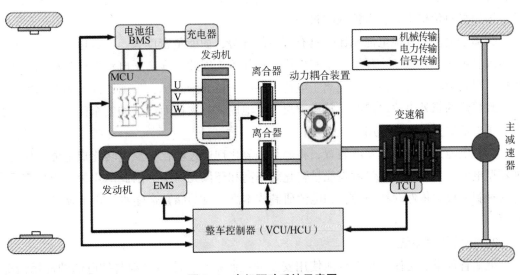

图 3-4 电机驱动系统示意图

驱动电机及其控制系统是电动汽车组成的重要部分,负责把电源中的电能转化为机械能来驱动车辆。电动汽车正常运行时,电机需要实现电动和发电两种功能,即正常运行时主要担负电机驱动功能，而下坡或减速时，又可以将汽车的惯性动能转化为电能，担负发电功能。

整车控制器是电机驱动系统的控制中心。驱动系统对所接收到的信息进行处理，并将电机控制系统运行状况的信号发送给整车控制器。根据驾驶员对加速踏板和制动踏板的操作信号，整车控制器向电机控制器发出相应的控制命令，对电机进行起动、加速、减速、制动控制。整车控制器还对动力蓄电池充放电过程进行控制。在纯电动汽车减速或下坡滑行时，整车控制器配合电源系统的电池管理系统发电反馈，对动力蓄电池反向充电。对于与汽车行驶状况有关的速度、功率、电压、电流等信息，将会被传输到车载信息显示系统，进行相应的数字或模拟显示。

2. 能源系统

电动汽车能源系统主要由三部分组成，分别为蓄电池组、充电控制器和电池管理系统（Battery Management System，BMS）。

1）蓄电池组

蓄电池组是电动汽车的动力来源，也是推动电动汽车持续发展的关键因素。目前，汽车市场大多数使用铅酸蓄电池、镍氢电池、锂离子电池和燃料电池。铅酸蓄电池是最早在市场应用的，技术发展也最成熟，但是存在三个不足之处：①由于有漏酸危险，不能随意放置；②在使用过程中需要不断加水维护，使用不方便；③最重要的是，铅酸蓄电池的能量密度太低。因此铅酸蓄电池不适应电动汽车的飞速发展，逐渐被市场淘汰。

镍基电池主要包括镍镉电池、镍锌电池和镍氢电池三种。镍镉电池最先得到广泛应用，但是由于存在镉污染的风险，发展受到限制。镍锌电池也有同样的污染隐患。综合对比，镍氢电池才是最佳的碱性镍基电池，目前已得到广泛应用。但它也具有自身发展局限性，即原材料价格不菲，电池成本过高。

锂离子电池和其他电池相比，具有明显的优势，如能量密度大、自放电小、平均输出电压高、可快速充电、无环境污染和使用寿命长等。因此，锂离子电池被广泛应用于各种领域，得到市场认可。但是，锂离子电池也存在一些安全隐患，目前已发生多起因电池起火导致爆炸的意外事故。因此，只有解决了电池内部热失控而产生的安全问题，才能促进锂离子电池更大规模的应用。

燃料电池是一种新型发电装置，将燃料和氧化剂通过电化学反应转化成电能。作为一种新型电池，它最大的优势就是能量转化效率高和环保无污染，因此应用领域也更广。不过这种新型技术依然存在问题，如电池研制成本高、氢的储存运输难和电池循环使用寿命短等。

2）电池管理系统

电池管理系统是保护动力电池使用安全的控制系统，能够时刻监控电池的使用情况，通过必要方法缓解电池组的不一致性，为新能源车辆提供必要的安全保障。

3. 辅助控制系统

辅助控制系统主要由动力转向系统、辅助动力源、驾驶室操纵台和辅助装置等组成。

这些辅助系统组成部分在功能上和传统燃油车类似，仅部分结构原理不同于传统燃油车。

动力转向系统主要实现汽车的顺利转弯功能，由转向盘、转向机构、转向轮和转向器等组成。汽车转向时，驾驶员控制力作用在转向盘上，通过转向器和转向机构使转向轮偏转一定角度，以此实现转向目的。

辅助动力源主要由辅助电源和DC/DC功率转换器构成，为其他辅助装置提供12 V或24 V的直流低压电，如动力转向装置、照明、空调、电动窗门、制动力调节控制装置等。

电动汽车的辅助装置主要是为了提升汽车的操纵性、安全性和乘客的舒适性而设置的。这些装置包括各种声光信号装置、刮水器、照明、空调、车载音响、电动座椅调节器等。

3.2 混合动力汽车

混合动力汽车（Hybrid Electric Vehicle，HEV）是指车辆驱动系统由两个或多个能同时运转的单个驱动联合组成的车辆。根据车辆行驶状态，车轮的行驶功率可由单个驱动系统单独或共同提供。由于各个组成部件、布置方式和控制策略的不同，混合动力汽车有多种分类形式。同时混合动力车辆的节能、低排放等优势也引起了汽车界的极大关注，并成为其研究与开发过程的重点。

根据内燃机和驱动电机的布置结构以及动力耦合方式区别，混合动力电动汽车可细分为串联式混合动力电动汽车、并联式混合动力电动汽车以及混联式混合动力电动汽车三种。

3.2.1 串联式混合动力电动汽车

串联式混合动力电动汽车（Series Hybrid Electric Vehicle，SHEV）的基本组成如图3-5所示，主要包括控制系统、驱动系统、辅助动力系统和蓄电池组等。

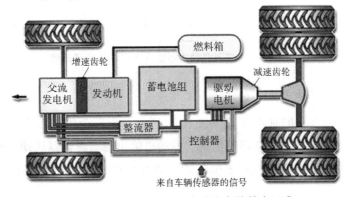

图3-5 串联式混合动力电动汽车的基本组成

串联式混合动力电动汽车的动力传递路线如图3-6所示：发动机→发电机→蓄电池组→变压器→电动机→驱动轮→减速器。但本质上，串联式混合动力电动汽车的动力系统就是在汽车上联合使用内燃机和电动机两种装置。

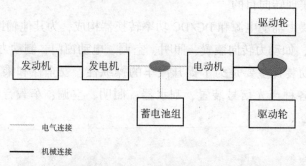

图3-6 串联式混合动力电动汽车的动力传递路线

发动机的机械能首先通过发电机转化为电能，转化后的电能一部分用来给蓄电池充电，另一部分经由驱动电机和传动装置驱动车轮。串联式混合动力电动汽车虽然结构比较简单，但是需要配备发动机、发电机和电驱动系统三个驱动装置，因此能量传输效率不高。这种动力系统多应用在城市公交上，轿车上应用不多。

3.2.2 并联式混合动力电动汽车

并联式混合动力电动汽车（Parallel Hybrid Electric Vehicle, PHEV）的动力传递路线如图3-7所示，有发动机和电动机两套驱动系统。它们可分开独立工作，也可一起协调驱动汽车行驶，因此两套驱动系统应用范围比较广。

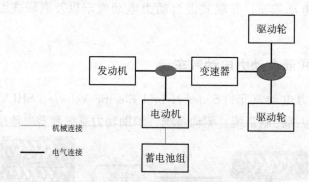

图3-7 并联式混合动力电动汽车的动力传递路线

1. 并联式混合动力电动汽车的组成和工作原理

并联式混合动力汽车的基本组成如图3-8所示，由发动机、离合器、ISG电机（起动/发电）、CVT变速器、主减速器等组成。发动机输出端与离合器从动盘连接，电机转子分别连接离合器主动盘和CVT变速器输入轴，动力经CVT变速器输出后，经过主减速器传递至车轮上。

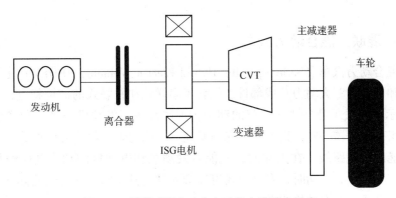

图 3-8 并联式混合动力电动汽车的基本组成

并联式混合动力电动汽车的动力传递路线是：发动机→变速器→蓄电池组→变压器→电机→驱动轮→减速器。发电机通过机械转动机构直接驱动汽车，无机械能-电能的转换损失，因此发动机输出能量的利用率相对较高。

2. 并联式混合动力电动汽车模式切换控制策略

并联式混合动力系统的离合器一般为多片离合器，其液压执行系统包括电动油泵、电磁阀、离合器油缸等。当 CVT 控制器 TCU 接收到目标油压信号时，液压执行系统会根据油压与电磁阀电流的对应关系，调节电磁阀电流大小，从而控制离合器的接合与分离状态。根据离合器的反复接合或分离状态，以及电机与发动机的协调控制模式，该混合动力系统可分为以下 5 种工作模式：纯电动、发动机驱动、混合驱动、行车充电及再生制动模式，如表 3-1 所示。

表 3-1 混合动力系统工作模式

模式	离合器	发动机	ISG 电机
纯电动	分离	不工作	驱动
发动机驱动	接合	工作	不工作
混合驱动	接合	工作	不工作
行车充电	接合	工作	驱动
行车充电	接合	工作	发电
再生制动	接合	不工作	发电

HEV 模式切换时，其基本要求为离合器的滑摩功和整车冲击度均要小。另外，还需反映驾驶员驾驶意图，确保整车行驶的动力性能。由上述分析，对离合器接合过程进行划分后，在滑摩阶段，若离合器接合过快，会因较大的压力变化率造成离合器冲击度过大，引起系统产生动力冲击；若离合器接合过慢，则会产生较大的滑摩功，加大离合器摩擦副烧蚀的风险，降低其使用寿命。转矩同步阶段，因离合器主、从动片转速相同，该过程无滑摩功，仅有较大的压力变化率，会导致离合器冲击度过大，引起系统产生动力冲击的问题。

3.2.3 混联式混合动力汽车

混联式混合动力汽车（Series-parallel Hybrid Electric Vehicle，SPHEV）主要包括发动机、发电机和电动机三大动力总成部件，结合了串联式和并联式的结构特点，组成示意图如图 3-9 所示。混联式混合动力汽车的动力传递路线为：发动机→动力分离装置→发电机→蓄电池组→变压器→电动机→驱动轮→减速器。相比于串联式和并联式，它增添了机械动力和电能的传递路线。在工作时，它能将发动机和电动机的动力共同作用在驱动轮上，确保汽车正常行驶。同时，发动机还可以带动发电机发电，并将电能储存在蓄电池中或直接供给电动机，使电动机驱动汽车。

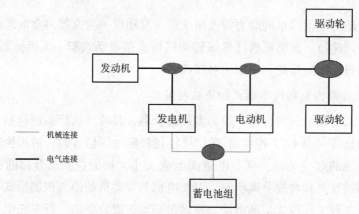

图 3-9 混联式混合动力汽车组成示意图

混合动力汽车同时具备纯电动汽车和传统汽车的长处，可以有效降低燃油消耗量、减少废气排放，从而能够较好地满足环保要求，并且能够延长蓄电池的使用寿命，加长汽车的续航里程。在目前充电站、充电桩等基础配套设施尚不完善的前提下，与纯电动汽车相比，混合动力汽车在使用和操作上更加便捷。但是，当混合动力汽车长距离且高速行驶时，存在耗油量较高，维修和保养较复杂等缺陷。

在电动汽车中，混合动力汽车是目前最具有规模化和前景的车型。混合动力汽车采用内燃机和电动机作为混合动力源，具有燃料发动机动力性好、反应快和工作时间长的优点，又兼顾电动机无污染和低噪声优势，达到了发动机和电动机的最佳平衡状态。

3.3 燃料电池汽车

燃料电池是一种能量转换装置，可以把储存在燃料和氧化剂中的能量，等温地按照电化学原理转化为电能。燃料电池由含催化剂的阳极、阴极和离子导电的电解质构成。燃料在阳极氧化，氧化剂在阴极还原，电子从阳极通过负载流向阴极构成回路，产生电能从而驱动负载工作。

根据电解质的不同，燃料电池可分为以下5种：碱性燃料电池、磷酸型燃料电池、熔融碳酸盐燃料电池、固体氧化物燃料电池及质子交换膜燃料电池。其中质子交换膜燃料电池因其性能出众、寿命长、体积小、比功率大，可以冷起动、起动快、安全耐用等一系列优点而被广泛运用于燃料电池电动汽车。

3.3.1 燃料电池电动汽车的分类

依据燃料特点，燃料电池可以分为重整燃料电池电动汽车和直接燃料电池电动汽车两类。重整燃料电池电动汽车的燃料主要有汽油、天然气、甲醇、甲烷、液化石油气等；直接燃料电池电动汽车的燃料主要是氢气。

依据"多电源"的配置方式不同，燃料电池电动汽车可分为以下四类：
（1）纯燃料电池电动汽车。
（2）燃料电池与辅助蓄电池联合驱动的燃料电池电动汽车。
（3）燃料电池与超级电容联合驱动的燃料电池电动汽车。
（4）燃料电池与辅助蓄电池和超级电容联合驱动的燃料电池电动汽车。
其中，燃料电池与蓄电池的联合驱动型汽车最受欢迎，应用最为广泛。
依据氢燃料储存的方式不同又可以分为以下三类：
（1）压缩氢燃料电池电动汽车。
（2）液氢燃料电池电动汽车。
（3）合金（碳纳米管）吸附氢燃料电池电动汽车。
图3-10所示为燃料电池电动汽车的详细分类。

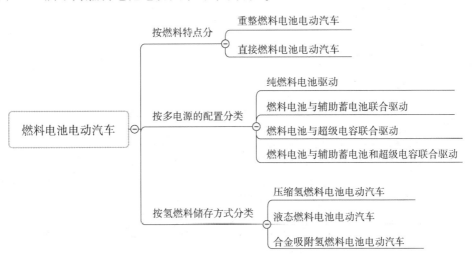

图3-10 燃料电池电动汽车的详细分类

3.3.2 燃料电池的组成部件

氢燃料电池发动机由六部分组成，包括电堆、氢气供给循环系统、空气供给循环系统、水热管理系统、电控系统和数据采集系统，如图3-11所示。

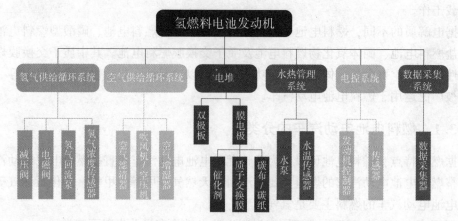

图3-11 氢燃料电池的组成部件

1. 电堆

电堆是氢燃料电池发动机的核心部件，也是氢气与氧气发生化学反应产生电能的场所。电堆由双极板和膜电极两大部分组成，其中膜电极包括催化剂、质子交换膜和碳纸。电堆的工作原理如图3-12所示。

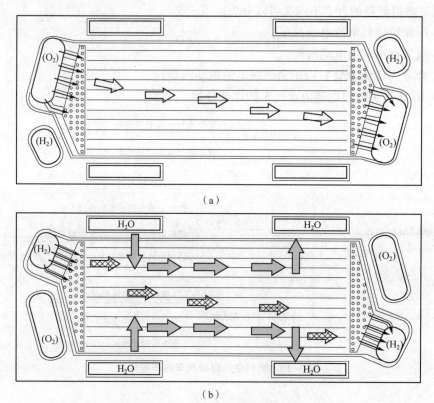

图3-12 电堆的工作原理
(a) 电堆工作前氧化剂移动路径；(b) 电堆工作时氢燃料移动路径

· 44 ·

2. 氢气供给循环系统

氢气供给循环系统由减压阀、电池阀、氢气回流泵、氢气浓度传感器及管路组成。气瓶中的高压氢气经过减压阀后压力降低，降压氢气再通过电池阀进入电堆。氢气回流泵将电堆反应后剩余的氢气重新回收到电堆中，提高氢气能源利用率。

3. 空气供给系统

空气供给系统包含空气滤清器、空压机/吹风机、空气增湿器三个部件。

4. 水热管理系统

水热管理系统包括水泵和水温传感器两大部件，与传统内燃机散热小循环系统相似。氢燃料电池发动机冷却液是由去离子水和乙二醇水溶液按照一定比例调和成的溶液。

5. 电控系统

氢燃料电池发动机的电控系统主要包括发动机控制器（FCU）及各种传感器。

6. 数据采集系统

数据采集系统主要指数据采集器。通过数据采集系统，可以实时监控氢燃料电池发动机的运行状态及各种参数，如发动机地理位置、运行状态、各项传感器参数等，对各项参数进行数据分析，并针对参数异常记录或者报警。

3.3.3 燃料电池汽车的工作原理

燃料电池是燃料电池汽车的核心部件。燃料电池汽车的工作原理如图3-13所示，当汽车起动时，燃料电池中的氢与大气中的氧气发生化学反应，释放电能带动电动机工作，电动机驱动机械传动结构，进而带动汽车的前桥（或后桥）等行走机械结构工作，从而使电动汽车正常行驶。

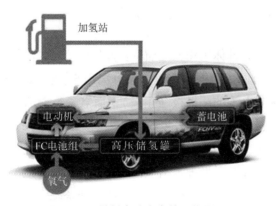

图3-13 燃料电池汽车的工作原理

1. 制氢

由于燃料电池是以燃料氢气和氧气通过电化学反应产生电能，因此需要制造原材料氢气。化学反应制氢法包括水蒸气重整制氢、重油不完全氧化制氢、等离子体热裂解制氢、煤气化制氢、甲醇制氢、电解水制氢、热化学循环分解水制氢、光催化分解水制氢、微生物制氢等。我国现主要利用钢铁厂和氯碱化工厂的副产氢制取高纯氢气、利用煤炭生产高纯氢气、通过电解水和光解水制氢。

燃料电池涉及的化学反应的代谢产物是水和少许热量，化学反应过程如下：

$$H_2+\frac{1}{2}O_2 \rightarrow H_2O$$

最大能量利用率：$\eta_{max}=\dfrac{\Delta G}{\Delta H}=83\%$

输出的能量：ΔG（298K）$=-273.2$ kJ/mol

输入的能量：ΔH（298K）$=-289.84$ kJ/mol

输出电压：$U=1.229$ V

发电时生产的能量：$Q=\Delta H-\Delta G=-16.64$ kJ/mol

上式中，负号表示热量传出。燃料电池工作时，燃料供给负极，氧气供给正极。燃料电池内使用的电解质不同，正负极发生的反应也不同。根据化学特性，电解质可分为酸性介质、碱性介质和固体电解质。不同介质中的具体化学反应如下：

(1) 酸性介质时：负极 $H_2+2OH^- \rightarrow 2H_2O+2e^-$

正极 $\dfrac{1}{2}O_2+H_2O+2e^- \rightarrow 2OH^-$

(2) 碱性介质时：负极 $H_2 \rightarrow 2H^++2e^-$

正极 $\dfrac{1}{2}O_2+2H^++2e^- \rightarrow H_2O$

(3) 固体电解质：负极 $H_2+O^{2-} \rightarrow H_2O+2e^-$

正极 $\dfrac{1}{2}O_2+2e^- \rightarrow O^{2-}$

质子交换膜燃料电池的具体工作原理如下：氢气供给燃料电池的阳极板（负极）经过催化剂（铂）的作用，氢原子中的一个电子被分离出来，失去电子的氢离子（质子）穿过质子交换膜，到达燃料电池的阴极板（正极），而电子不能通过质子交换膜，只能经外部电路到达燃料电池阴极板，从而在外电路中产生电流，电子到达阴极后，与氧原子和氢离子重新结合成水。由于供给阴极板的氧可以从空气获得，因此只需给阳极板不间断供应氢，给阴极板供应空气，并及时处理水蒸气，就可以持续获得电能。燃料电池发出的电能经过逆变器、控制器等装置，给电动机供电，再经传动系统、驱动桥等带动车轮转动，就能够使汽车顺利行驶。

2. 储氢

储氢法包括特高压气瓶、高压深冷液化氢瓶、可逆金属氢化物、物理吸附法和化合物储氢（纳米硼烷氨络合物）等，具体对比如表3-2所示。

表 3-2 储氢方式对比

储氢方式		优点	缺点
特高压气瓶（35~70）MPa		技术可行、方便，气瓶成本不高	储氢质量密度小，压力大，密封性和安全性差
高压深冷液化氢瓶（-252.8℃）		储氢质量密度大，保温气瓶易于布置	耗能和成本高，储氢材质压力高，有安全风险
可逆金属氢化物（钛合金）		安全性高、能可逆充放氢	充放氢有条件限制，放氢慢、储氢质量密度低
物理吸附法（碳纳米管）		操作方便、安全	储氢密度小，只能低温放氢
化合物	有机化合物（苯、甲苯）	储氢质量密度大、安全	放氢设备复杂、成本高
	无机化合物（硼烷氨 H_3NBH_3）	络合无机化合物储氢质量密度大、安全	放氢不易控制，储氢材料回收再利用困难

高压液化储氢消耗能量大且需要贵重隔热材料，推广难度较大，特高压气瓶、复合材料及无机化合物储氢能耗小，但安全技术还有待提高。氢气储存点应远离强氧化剂、高温区、有毒物质和高压电路。氢气密度小，车载储氢系统质量密度应大于 5%。

3.4 太阳能汽车

太阳能汽车是利用太阳能来驱动的汽车。随着石油能源的逐步枯竭以及燃烧石油造成的环境的日益恶化，人们急需环境友好的可再生能源。太阳能是目前最具有前景的新型能源，它不会对地球的生态环境造成破坏，且安全无污染。表 3-3 所示为四种新能源汽车技术、经济性的比较。

表 3-3 四种新能源汽车技术、经济性的比较

项目	电动汽车	混合动力汽车	燃料电池汽车	太阳能汽车
关键技术	动力电池、驱动电机、电控系统	动力电池、驱动电动机、电路控制、动力切换器、传统内燃机系统	动力电池、驱动电动机、功率转换器、电控系统	太阳能电池、电力系统、驱动电动机、电能控制系统
能源种类	充电电能、煤炭	汽油、天然气、生物能源、充电电能	氢气、甲醛等发电电能	太阳能

续表

项目	电动汽车	混合动力汽车	燃料电池汽车	太阳能汽车
经济成本	技术不够完善,经济成本高	技术成熟,但结构复杂,经济成本高	技术很不完善,经济成本高,主要是电池成本以及能源材料成本	技术很不完善,经济成本高

3.4.1 太阳能汽车的组成和工作原理

太阳能汽车包括发电系统、峰值功率跟踪器、驱动系统、控制器等。发电系统是太阳能汽车的动力源,包括太阳能电池板、太阳能控制器、蓄电池(组)以及直流电机。其中太阳能电池板为光伏设备,主要材料是半导体,是太阳能发电系统的核心。它经过光线照射后产生光电效应,产生电流,通过太阳能控制器进行调节后,电流或在蓄电池中存储起来,或直接带动电机旋转,驱动汽车行驶。

太阳能汽车工作时,太阳能首先由车身表面的太阳能电池板转化为电能。此电能通过峰值功率跟踪器(Maximum Power Point Tracker,MPPT)传递给负载。所谓 MPPT 就是常跟踪太阳能电池的最大输出功率点,能够使汽车在功率最大的状态下工作。从 MPPT 发出的电能为发动机的速度控制装置及蓄电池供电,驱动发动机。通常情况下,发动机扭矩通过侧链等传动机构和减速机构传到驱动轮上,使驱动轮转动。太阳能汽车的基本工作原理如图 3-14 所示。

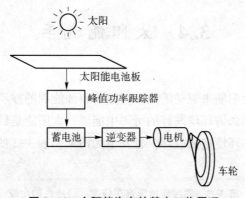

图 3-14 太阳能汽车的基本工作原理

能量在太阳能汽车中的流动主要有三种情况:

(1) 太阳能直接驱动汽车。阳光照射量足够时,太阳能电池板产生光电效应,产生的电流一部分由控制器直接传输到直流电机,驱动汽车前进,剩余部分存储到蓄电池中,为蓄电池充电。

(2) 当阳光不足或太阳能汽车在起动、加速等阶段需要较大功率时,太阳能电池板的转化能量不足以驱动汽车,此时蓄电池中之前存储的电能会向电机供电,驱动汽车前进。

(3) 当汽车在减速或制动时,汽车行驶具有的动能由电机反向传递给蓄电池,为其充电，从而实现能量的回收。此时太阳能电池板吸收的电能也为蓄电池充电，以便再次起动。

3.4.2 太阳能汽车能量控制策略

太阳能汽车可以根据汽车上配备的传感器获取当前天气、路面状况等实时信息，并合理改变太阳能汽车的能源模式。

（1）太阳能电池、蓄电池模式：晴天阳光较充足时，太阳能电池持续产生电能，并将电能稳定地输入蓄电池内。

（2）纯蓄电池模式：汽车行驶相对稳定时，运行功率在锂电池最佳输出功率范围内，且锂电池的荷电水平状态较高，此时控制动力系统在纯蓄电池模式下工作。

（3）蓄电池、超级电容器混合驱动模式：汽车起动、加速或者爬坡时，为了保证蓄电池工作在性能最佳区域，由超级电容提供部分牵引功率。

（4）蓄电池驱动、超级电容充电模式：当汽车制动时，电机所产生的制动能量回馈给超级电容。

（5）停车充电模式：蓄电池 SoC 处于较低水平，停车时由太阳能电池板给蓄电池及超级电容充电。采用模糊自适应控制方法，将节气门开度及其斜率、蓄电池 SoC 和汽车加速度作为控制的输入变量，将超级电容放出的功率作为控制器的输出变量。

第 4 章 传动系统新技术

4.1 双离合器自动变速器

如图 4-1 所示,双离合器自动变速器(Double Clutch Transmission,DCT)通过两个离合器分别连接两根输入轴达到动力传递的目的,在工作过程中两个离合器交替工作,利用离合器的滑摩控制使换挡过程中发动机的动力持续传递,因而可以达到不切断动力的情况下改变传动系统传动比的功用,使汽车起步时更加平稳,在平稳运行的同时又使汽车燃油经济性得到提高。正因如此,双离合器式自动变速器成为当前应用前景最为广阔的一种自动变速器。

图 4-1 双离合器自动变速器

4.1.1 双离合器自动变速器的结构与工作原理

1. 双离合器自动变速器的结构

双离合器自动变速器由双离合器系统模块、液压控制系统、扭转减振系统、电子控制系统组成。其中，双离合器系统模块是双离合器自动变速器的核心，控制模块是自动变速器的大脑。双离合器和机械部分变速器中精巧的两轴式结构分开了奇数挡和偶数挡，使其不像传统的手动变速器将所有挡位集中在一根输入轴上，双离合器变速器将奇数挡和偶数挡分布在两根输入轴上。外部输入轴被挖空，给内部输入轴留出嵌入的空间。

以 5 挡变速器为例，内部输入轴上安装了 1 挡、3 挡、5 挡和倒挡的齿轮，外部输入轴上安装了 2 挡、4 挡和 6 挡的齿轮。通过此布置可完成快速换挡，保证了换挡时的动力传递。相比传统单离合手动变速器是不可能完成的，因为它必须使用一个离合器来控制所有的奇数挡和偶数挡。双离合器自动变速器的传动结构如图 4-2 所示。

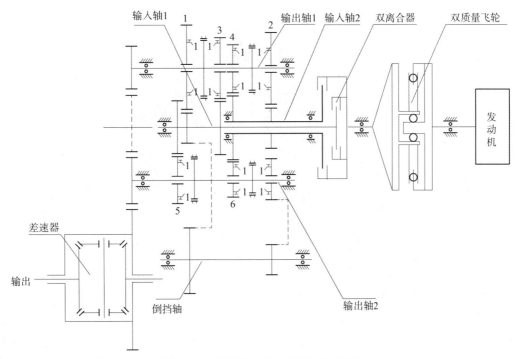

图 4-2 双离合器自动变速器的传动结构

2. 双离合器自动变速器的工作原理

如图 4-2 所示，发动机与前离合器和后离合器相连，前离合器、后离合器分别控制奇数挡位（1、3、5 挡）和偶数挡位（2、4、6 挡）。DCT 有 2 根同轴的输入轴，输入轴 1 装在输入轴 2 里面，输入轴 1 和前离合器相连，输入轴 1 上的齿轮就可以和 1、3、5 挡的齿轮啮合；输入轴 2 是空心的，和离合器 2 相连，输入轴 2 上的齿轮分别和 2、4、6 挡齿轮相啮合。倒挡齿轮通过中间轴齿轮和输入轴啮合。

当汽车挂挡行驶时，前离合器接合，输入轴1工作，后离合器分离；当达到换挡车速时，将处于接合状态的前离合器分离，接合后离合器，就可以达到换挡目的。DSG双离合变速器工作过程中，总有2个挡位是接合的，一个正在工作，另一个在为下一个换挡做好准备。手动模式下可以进行跳跃降挡，如果起始挡位和最终挡位属于同一个离合器控制，则会通过另一个离合器控制的挡位转换一下；如果起始挡位和最终挡位不属于同一个离合器控制，就可以直接换到所定挡位，在换挡过程中，不需要将动力完全切断。

4.1.2 双离合器自动变速器的种类

如图4-3所示，双离合器自动变速器主要分为干式离合器和湿式离合器两种类型。湿式双离合器主要通过浸没在机油中的湿式离合器摩擦片达到传递转矩的功能。在机油中摩擦片之间存在液体黏性摩擦，可以用来传递转矩。在摩擦片一侧安装液压活塞行程装置，可以根据液压的大小移动活塞的位置来改变摩擦片间的压力，从而达到离合器接合或断开的目的。

图4-3 干式（左）与湿式（右）双离合器

湿式离合器的工作状态可靠，离合器工作寿命更长，并且离合器在使用时不需要经常调整。由于湿式离合器摩擦片浸在油液中冷却，工作温度相对较低，所以起步时允许离合器有相对较长的时间打滑且不会使摩擦片烧损。由于冷却油液的保护，湿式离合器的摩擦片使用寿命普遍比干式的高出4~6倍。湿式离合器由于受到油膜的影响，摩擦系数较干式离合器低一些，在0.07~0.08，但是可以通过增加摩擦片表面压力来改善。湿式离合器的传动效率较低，在工作过程中需要额外的液压动力源，分离过程中还有着相对摩擦损失，尤其是片数比较多时，空转滑摩会损失比较大功率。

与湿式离合器相比，干式离合器具有从动部分转动惯量小、散热性好、结构简单、调整方便、分离彻底、转矩过载保护、效率高、成本相对较低、不需辅助动力等优点，但也存在轴向尺寸较大等问题。

4.1.3 双离合器自动变速器的特点

1. 优点

（1）换挡快速，操控性和舒适性好。双离合器自动变速器的换挡时间非常短（约 200 ms），比传统手动变速器的换挡速度还要快。特别是当高挡齿轮副已处于预备状态时，变速器的升挡速度极快（8 ms），具有优异的操控性能。

（2）换挡过程中几乎没有转矩损失，经济性好。双离合器自动变速器在换挡过程中消除了转矩的中断，来自发动机的动力可以得到持续利用。因此，双离合器自动变速器相比行星齿轮式自动变速器更利于降低燃油消耗（约降低 15%），具有良好的经济性。

（3）换挡过程无顿挫感，舒适性好。由于双离合器自动变速器换挡历时短、换挡平顺，车身的顿挫感人体难以察觉，因此具有良好的舒适性。

2. 缺点

（1）由于没有采用液力变矩器，又不能实现手动变速器"半联动"的动作，所以对于小排量的发动机而言，低转速下扭矩不足的特性就会被完全暴露出来。

（2）由于双离合器自动变速器采用了计算机控制，属于一款智能型变速器，它在升/降挡的过程中需要向发动机发出电子信号，经发动机回复后，与发动机配合才能完成升/降挡。而大量电子元件的使用，也增加了其故障出现的概率。

4.1.4 双离合器自动变速器的应用举例

目前市场上常见的采用双离合器变速器结构的有大众 DSG（Direct Shift Gearbox）和沃尔沃 Powershift 双离合器变速器以及宝马 M-DCT 等。

1. 大众 DSG

大众汽车公司使用的 DSG 主要有两个类型，包括 02E 型和 0AM 型。如图 4-4（a）所示，02E 型 DSG 采用了两个多片的湿式双离合器，设计有 6 个前进挡和 1 个倒挡。如图 4-4（b）所示，0AM 型 DSG 采用了两个干式双离合器，设计有 7 个前进挡和 1 个倒挡。大众 DSG 大多设计与高扭矩的发动机配合使用。由于变速器长度较短，可以用于前置前驱的车型上。

安装了 DSG 的车辆，其加速时间比手动变速器更短。如 2.0T 发动机的 Golf GTI，装有 DSG 的车型 0~100 km 加速只需 6.9 s，比手动型的车型耗时更短；百公里油耗只有 8.0 L，与手动挡车型差不多；换挡过程中没有手动变速器的顿挫感。然而这种变速器没有液力变矩器，在换挡加速过程中不如传统变速器平稳，因此这种自动变速器更适用于注重加速和操控的汽车。

2. 沃尔沃 Powershift 双离合器变速器

如图 4-5 所示，沃尔沃 Powershift 双离合器变速器与大众所采用的干式离合器的 DSG 变速器不同，沃尔沃 Powershift 采用的是湿式双离合器，它将离合器片浸泡在机油之中来

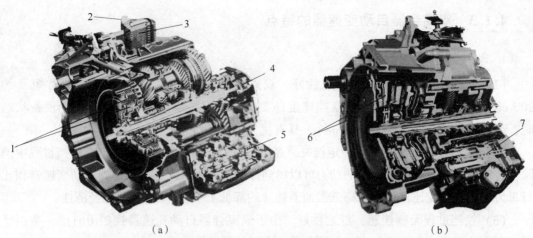

1—多片式离合器；2—机油压力传感器；3—机油冷却器；4—机油泵；5—机械电子装置；
6—双离合器；7—机械电子单元。

图 4-4 大众 DSG 变速器

(a) 02E 型 DSG；(b) 0AM 型 DSG

对其进行冷却。离合器可以将动力输送给 6 个挡位中的任何一个，由计算机控制的离合器根据汽车速度和转速对驾驶员的换挡意图做出判断，可以预选择下一挡位从而实现挡位的快速切换。

Powershift 变速器可以设定在计算机控制的"自动"模式之下，或者利用转向盘上的拨片来实现手动换挡。搭载 2.0 L 四缸涡轮柴油机的沃尔沃 C30、S40 和 V50 是首批配备这款变速器的车型，虽然这台发动机的大功率和扭矩分别为 136 hp[①] 和 320 N·m，但这种双离合器变速器可承受的大扭矩输出达到 450 N·m。

图 4-5 沃尔沃 Powershift 双离合器自动变速器

3. 宝马 M-DCT 自动变速器

宝马自 M3 开始采用了德国变速器供应商 Getrag 开发的双离合器变速器，成为全球首款在高转速发动机上运用双离合器变速器的汽车生产商。如图 4-6 所示，该变速器最高可

---

① 马力，1 hp=745.7 W。

以承受9 000 r/min转速、400 N·m转矩的发动机。以M3四门版为例,该车的百公里加速时间从手动的4.9 s降到了4.7 s。

图4-6 宝马麦格纳74HDT300双离合器自动变速器

4.2 双质量飞轮

随着汽车行业在车辆轻量化、动力性强等方向不断进行研究,汽车的工作性能大大地提高了,但提高汽车工作性能的同时又加剧了传动系统振动问题。因而传统的离合器式从动盘扭转减震器越来越不满足当前的减振要求。因此,人们开始寻找一种简单、易行但更有效的办法来衰减和隔离发动机传递到传动系统上的振动。双质量飞轮(Double Mass Flywheel,DMF)式扭转减震器正是在这种要求下产生的,其总体结构如图4-7所示。

图4-7 双质量飞轮式扭转减震器的总体结构

4.2.1 双质量飞轮的特点

作为目前最新的减振装置，双质量飞轮有以下几个特点：

1. 扭振隔振

双质量飞轮几乎将发动机曲轴传来的扭振完全隔绝，使作用于变速器的振动大幅降低，特别是低转速下的不稳定振动。这就使发动机能够在低转速下运转成为可能，因而有效地提高燃油经济性并降低了噪声。

2. 变速器减载

可以使变速器受到的负荷得以降低。装有双质量飞轮后传动系统中高频变速器的附加扭矩几乎完全消除，正因为变速器受到的附加载荷降低，变速器可以传递较高的静力扭矩。

3. 曲轴减载

与传统传动系统的飞轮相比，双质量飞轮的初级质量小很多，所以双质量飞轮中第一质量的转动惯量很小，同时第二质量对于曲轴的弯曲载荷而言可以忽略不计，因此飞轮转动产生的惯性力矩更小，使作用于曲轴的动载荷得以减小。因而在实际生产制造中可以省去曲轴减震器，或者可以降低曲轴的材料要求。因而装有双质量飞轮后可以使曲轴结构的成本降低，如果不考虑省去减振结构引发的二次效果，使用双质量飞轮附加成本不会增加。

4. 换挡性能提升

双质量飞轮可以有效衰减发动机传来的振动，使得寒冷天气下能够使用黏度更低的润滑油，以得到更好的换挡效果；双质量飞轮取代了离合器式减震器，使同步器上的力得以降低，换挡操作更为轻便。

然而由于双质量飞轮的结构十分复杂，对加工工艺要求比较高，成本高。此外，减振弹簧分布半径增大，发动机高速运转时弹簧受到的径向离心力和切向变形量增大，使弹簧磨损加剧，从而降低弹簧寿命。

4.2.2 双质量飞轮结构与工作原理

1. 质量飞轮结构

双质量飞轮式扭转减震器主要由第一质量（第一飞轮）、第二质量（第二飞轮）和两质量之间的减震器三个部分组成。第一质量安装位置与原有飞轮相同，与发动机曲轴输出端法兰盘相连接起到传递转矩的功能。第二质量在变速器的一侧，通过一个轴承安装在第一质量上。在工作过程中第二质量可相对于第一质量转动一定的角度。两个飞轮之间装有由弹性元件和阻尼元件组成的减振结构。图4-8所示为双质量飞轮结构示意图。

1—第一质量；2—轴承；3—弹性元件（弧形弹簧）；4—连接盘；5—飞轮壳；6—第二质量。

图 4-8 双质量飞轮结构示意图

2. 双质量飞轮工作原理

双质量飞轮相比于原来的铸件飞轮，在结构上只是将铸件飞轮的转动惯量一分为二，并按照一定的比例关系分配给主、副飞轮。靠近发动机一侧的飞轮称为主飞轮，靠近变速器一侧的飞轮称为副飞轮。将扭振减震器安装在主、副飞轮之间，连接主、副飞轮。这样既可以节省空间，又可以使弹性系统具有低刚度、大扭转角的特点。由于降低了减震器的扭转刚度以及转动惯量的一分为二，因此会降低动力传动系统的固有频率，进而使之远离发动机的共振频率，避免系统共振，降低噪声，提高零部件的使用寿命。

4.2.3 双质量飞轮的分类

为了满足更多车型的需要已经开发出了许多种类的双质量飞轮，主要由主飞轮、副飞轮以及弹簧阻尼系统组成。双质量飞轮相当于一个低通滤波器，通过重新分配弹性机构两侧的转动惯量，并引入低刚度环节和阻尼元件，实现对汽车动力传动系统扭转振动的综合控制，降低发动机扭转波动对动力传动系统的影响，降低汽车扭转噪声，改善汽车舒适性。按照弹性元件的类型、摩擦阻尼的类型以及支撑轴承的类型分类：

（1）就双质量飞轮采用的弹性元件而言，有螺旋弹簧式和橡胶弹簧式两种，螺旋弹簧式又可根据弹簧的布置分为径向弹簧式和周向弹簧式，其中周向弹簧式又有长曲线弹簧式和短轻直弹簧式之分。

（2）就双质量飞轮采用的摩擦阻尼类型而言，有干摩擦阻尼式、黏性摩擦阻尼式和空气阻尼式。

（3）就双质量飞轮采用的轴承类型而言，有滚动轴承式、滑动轴承式和推力轴承式。

现就几种常见的类型进行简单分析。

1. 周向长弧形螺旋弹簧双质量飞轮（DMF-CS）

德国 Luk 公司于 1989 年研制的周向长弧形螺旋弹簧双质量飞轮是目前世界上最有代表性的双质量飞轮。如图 4-9 所示，一般选取两组或三组周向长弧形螺旋弹簧作为双质量飞轮的弹性机构。采用这种弹簧的双质量飞轮的两个飞轮之间可以具有较大的相对转角（一般可达45°,甚至60°),可以在有限设计空间内安装较低扭转刚度的减震器,解决了传统离合器式减震器的缺陷。弧形螺旋弹簧的设计和制造是DMF-CS减震器设计中的关键和难点。

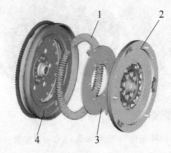

1—弧形弹簧;2—第二飞轮;3—传力板;4—第一飞轮。

图4-9　周向长弧形螺旋弹簧双质量飞轮

2. 周向短直弹簧双质量飞轮(DMF-CSS)

DMF-CSS在弹簧结构上与传统CTD减震器相差无几,如图4-10所示。不同之处在于弹簧的分布半径较大,在有限空间内能够装配多组弹簧,弹簧与弹簧之间利用弹簧帽和滑块形成串联关系。通过改变弹簧的刚度、每个弹簧起作用时间、弹簧的个数以及弹簧的组合方式,可以较好地实现非线性特性,以满足DMF在不同工况下的需求,获得更好的隔振能力。但是由于弹簧组数的增多,给生产和装配带来困难,结构上也很复杂,零部件的生产工艺要求较高。

图4-10　周向短直弹簧双质量飞轮

3. 径向弹簧双质量飞轮(DMF-RS)

径向弹簧双质量飞轮的结构示意图如图4-11所示,其中减振弹簧为直弹簧,它们分别安装在由减震器侧板、从动板组成的沿飞轮径向的弹簧室中。通过传动销使侧板和从动板分别与第一质量和第二质量相连。

在减震器没有受到转矩时,弹性机构里的元件处于沿飞轮径向的初始位置;当减震器受到转矩作用时,两飞轮之间产生了相对角度,然而在这个过程中减振弹簧只产生简单的轴向压缩变形。这种安装方式使减震器扭转刚度可以随着扭矩的增加而逐渐增大,获得比较理想的非线性弹性特性。与弹簧周向布置的双质量飞轮相比,径向弹簧双质量飞轮减震器有着更为稳定的弹性特性和阻尼特性,受离心力的影响更小,结构也更为简单。

第4章 传动系统新技术

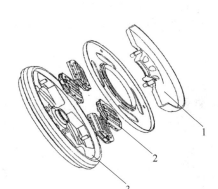

1—副飞轮；2—弹簧室；3—主飞轮。
图 4-11　径向弹簧双质量飞轮的结构示意图

4. 橡胶弹簧式双质量飞轮（DMF-RUS）

大多数双质量飞轮采用的都是干摩擦阻尼或黏性阻尼，这两种阻尼都很好实现。黏性阻尼一般都是将弹簧舱密封，并在里面注满黏性材料来实现的。干摩擦阻尼一般是在两个飞轮之间添加摩擦材料来实现的，如图 4-12 所示。

5. 空气阻尼双质量飞轮（DMF-AD）

通常 DMF 多采用干摩擦阻尼或黏性阻尼，而 DMF-AD 采用空气阻尼来实现减振。DMF-AD 通常由 3 组行驶级弹簧和 3 组息速级弹簧交叉布置。其中每组息速级弹簧由两个端头、中间柱状橡胶块及两个弹簧组成，端头与柱状橡胶块形成封闭腔室，传递扭矩时封闭腔室受压，空气经端头中间的排气孔排出，起到阻尼的作用，具体结构如图 4-13 所示。

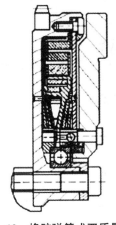　　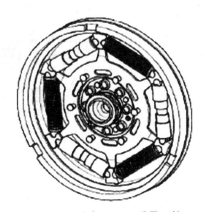

图 4-12　橡胶弹簧式双质量飞轮　　　图 4-13　空气阻尼双质量飞轮

6. 采用滑动轴承、推力轴承的双质量飞轮

不同于大多数双质量飞轮使用滚动轴承，也有使用滑动轴承和推力轴承的双质量飞轮类型。如图 4-14 所示，由于采用滑动轴承，弹簧的安装空间变大，可以装有更多组或更大尺寸的弹簧，但尺寸的变大也增大了加工难度。如图 4-15 所示，采用推力轴承的双质量飞轮结构较滑动轴承双质量飞轮更为简单，生产制造也更为容易。

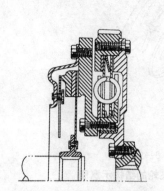 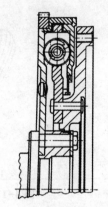

图 4-14　采用滑动轴承的双质量飞轮　　　　图 4-15　采用推力轴承的双质量飞轮

7. 采用液力的双质量飞轮

采用液力的双质量飞轮与传统的双质量飞轮工作原理不一样。如图 4-16 所示，它的两个飞轮通过油路连接，通过液压泵驱动油路。在不同的工况下，通过阀体工作状态的改变来改变弹性元件的阻尼大小，弹簧室的变化可以改变飞轮的极限转角，从而相应地衰减振动。但由于这种双质量飞轮结构比较复杂，且需要复杂的控制系统，应用比较少。

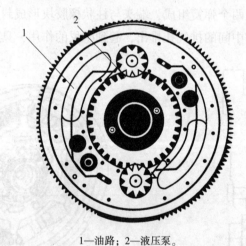

1—油路；2—液压泵。

图 4-16　液力双质量飞轮

8. 采用离心摆的双质量飞轮

离心摆式双质量飞轮如图 4-17 所示，通过在第二质量上安装离心摆结构，可以使双质量飞轮的减振性能得到进一步的提升。离心摆由摆锤、滑道和滚柱体组成。离心摆和第二质量的传力板上加工出弧形滑道，再通过可以在滑道内自由运动的滚柱体连接。当飞轮稳定运转时，离心摆与传力板同步运动；当飞轮不稳定运转时，离心摆会通过滚柱体与传力板发生相对运动，起到衰减振动的作用。

图 4-17 离心摆式双质量飞轮

4.3 无级变速器

无级变速器（Continuously Variable Transmission，CVT）是指变速器的传动比可以在一定范围内连续变化的自动变速器。无级变速器的变速机构主要由传动带和主从动轮组成。通过改变主从动轮的直径来连续改变传动比，以适应最佳的工况，使发动机的动力性最大限度地得以应用，可以有效地提高汽车的动力性能和燃油经济性能。目前应用最为广泛的是金属带式无级变速器，如图 4-18 所示。

图 4-18 金属带式无级变速器

4.3.1 无级变速器的种类

1. 机械式

机械式无级变速器可分为链式和带式。其中链式无级变速器的变速传动机构由主从动链轮及套于其上的钢质挠性链组成，利用链条左右两侧面与作为链轮的两锥盘相接触所产生的摩擦力进行传动，并通过改变两锥盘的轴向距离来调整它们与链的接触位置和工作半径，从而实现无级变速传动。目前应用最多的是滑片链式变速器。

带式无级变速器的变速传动机构是由作为主、从动带轮的两对锥盘及张紧在上面的传动带组成。其工作原理是利用传动带左右两侧与锥盘相接触所产生的摩擦力进行传动，并通过改变两锥盘的轴向距离来调整它们与传动带的接触位置和工作半径，从而实现无级变速传动。带式无级变速器根据传动带的形状不同分为平带无级变速器和V形带无级变速器。V形带无级变速器根据传动带的不同又可以分为普通V形橡胶带无级变速器和V形钢带无级变速器。

2. 液压式

液压式无级变速器通过工作腔容积变化获得液体压能的变化来传动和变换能量。液压泵和液压电机构成了液压系统。液压式无级变速器对外部负载有着良好的自动调节和适应能力，使车辆能够平稳起步并在加速过程中更加柔和。由于使用液力传动，可以降低扭振问题，延长使用寿命，提高了乘坐舒适性。然而液压元件也有一些缺点，比如不能适应高转速、高负荷的工作条件，因而液压式无级变速器大多用于推土机一类，汽车上很少应用。

4.3.2 机械式无级变速器的结构组成与工作原理

1. 机械式无级变速器的结构

如图4-19所示，无级变速器由金属带、液压控制系统、传动装置、速比调节装置、安全缓冲装置和电控系统组成。

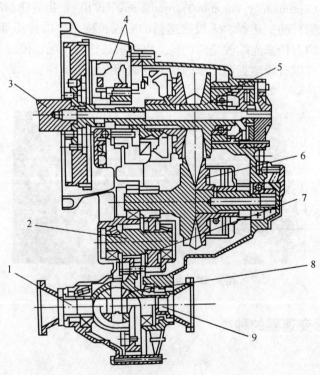

1—差速器半轴驱动前轮；2—中间轴；3—横置发动机前轴；4—前进挡、倒挡离合器及其换向机构；
5—锥盘金属带变速器；6—从动锥盘；7—主减速器；8—差速器；9—差速器半轴驱动前轮。

图4-19 金属带式无级变速器结构

1) 起步离合器

起步离合器可以使汽车平稳起步，使乘坐舒适性得以提高。此外，在必要情况下起步离合器还可以切断发动机的动力。

2) 行星齿轮机构

无级变速器采用双行星齿轮的行星齿轮结构，由内外行星齿轮和右支架三部分组成，这三部分固定在行星架上。其中内外行星齿轮分别与太阳轮和齿圈啮合，右支架则通过螺栓与行星架固定。

3) 无级变速机构

无级变速机构主要由三部分组成，分别为金属传动带、主动轮和从动轮。金属片的作用主要是传递动力，而金属环则起着固定金属片的作用，并在工作过程中使金属片沿着金属环的方向运动。另外，金属环也有传递转矩的功能。主从动轮均由一个可以轴向移动的锥型轮和一个固定的锥型轮组成。

4) 控制系统

无级变速器通过控制系统来改变传动比，使其可以连续变化。控制系统通常有两种，即机械液压控制系统和电子液压控制系统。

机械液压控制系统主要由油泵、主阀体、控制阀、离合器和制动器等组成。有的乘用车无级变速器还装有液力变矩器。其工作原理如图 4-20 所示，当驾驶员踩下加速踏板 10 时，通过柔性钢索 1 带动换挡凸轮 2 转动，控制速比控制阀 3。由发动机驱动的液压泵 8 将压力油输送给主压力控制阀 9。主压力控制阀 9 根据工作轮位置传感器 4 的液压信号，控制速比控制阀 3 中的压力，从而控制主、从动工作轮可动部分的液压缸中油液的压力，以调节金属带与工作轮的工作半径，实现无级自动变速。

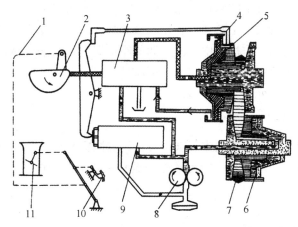

1—柔性钢索；2—换挡凸轮；3—速比控制阀；4—工作轮位置传感器；5—主动工作轮液压缸；
6—从动工作轮液压缸；7—金属带；8—液压泵；9—主压力控制阀；10—加速踏板；11—节气门。

图 4-20 无级变速器的机械液压控制系统的工作原理

无级变速器的电子液压控制系统的工作原理如图 4-21 所示。电子控制单元（ECU）根据发动机的转速、车速、节气门开度和换挡控制信号等，向液压控制单元发出指令，控制主、从动工作轮液压油缸中的油液压力,使主、从动工作轮的可动部分轴向移动,从而改变金属带与工作轮间的工作半径,以实现无级自动变速传动。

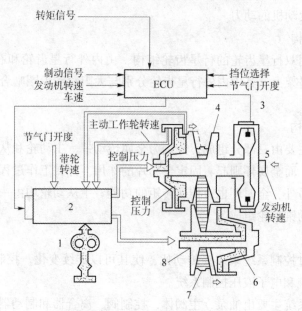

1—液压泵;2—液压控制单元;3—电磁离合器;4—主动工作轮;5—输入轴;
6—输出轴;7—金属带;8—从动工作轮。

图 4-21 无级变速器的电子液压控制系统的工作原理

5) 中间减速机构

一般情况下无级变速机构的传动比的变化范围为 0.445~2.6,由于该范围不能满足汽车的传动比范围,通常设置中间减速机构来扩大传动比变化范围。

通过在无级变速器后设立主减速器、差速器和半轴齿轮等零件,使整车的传动比满足正常的行驶要求。在汽车工作过程中,液压调节阀根据传感器油压做出相应变化,改变工作轮油缸液压,使工作轮相应地轴向移动,再通过主减速器进一步改变传动比,使其与当前工况最佳匹配。

2. 机械式无级变速器的工作原理

金属带式无级变速器传动器由主、被动工作轮的固定和可动两部分形成 V 形槽,并与金属传送带啮合。当主、被动工作轮可动部分做轴向移动时,改变了传送带的回转半径,从而改变传动比。可动轮的轴向移动是根据汽车的使用要求,通过液压控制系统进行连续调节,实现无级变速传动。

CVT 通过 V 形主动工作轮、金属带、V 带的从动轮来实现动力传递。主动轮安装于输入轴之上,获得动力后带动金属带开始转动,而金属带的另一端会连接于从动轮,而从动轮与输出轴相连接,于是动力得以传递到输出轴,之后通过尾牙等部件传递至车轮。V 带(主动以及从动工作带)配有液压控制装置,其作用使工作轮的一边做轴向移动,而金属带随着工作轮单边的轴向移动发生上下移动,从而改变工作半径,实现了改变传动比、线性变化传动比的目的。由于传动比可以发生线性变化,所以在机械结构中,并没有严格的挡位的概念。无级变速使得发动机的转速保持在最佳的输出范围内。

4.3.3 机械式无级变速器的组合举例

无级变速器的动力来源于发动机，它也受发动机最低转速的影响，起步阶段需要配合离合器工作。此外，无级变速器的传动比范围为0.4~7，高挡的传动比仅为0.4。为使汽车在良好路面上获得正常要求的驱动力，它的固定降速比比同类汽车的主传动比高出约一倍，因而会使发动机工作条件变差。因此一般将无级变速器与其他传动机构结合使用，以获得更好的使用效果。

1. 无级变速器与电磁离合器组成无级变速传动

日本富士通重工开发了用电磁离合器代替了液力耦合器与无级变速器结合的结构形式，如图4-22所示。用磁粉式离合器与采用VDT钢带的CVT组合的无级变速传动系统，简称为"ECVT"。磁粉式离合器是靠本身的电磁力来传递扭矩的。在离合器主、从动部分之间有密闭空间，内放30~50μm的磁化钢微粒（磁粉），密闭空间外缠绕有线圈。通电后散状磁粉在磁场中开始"凝固"，即磁粉在磁场中形成磁链，把从动毂与电磁铁连在一起。通电电流越大，磁链数目越多，磁链强度也越高，则磁粉式离合器传递转矩的能力也越大。当电流大到足以使磁粉离合器主、从动部分牢牢地接合在一起时，离合器便停止打滑。磁粉的黏结力特性与电流值成正比，所以对离合器的接合时间和力的控制，可通过发动机节气门开度与车速两个参数来控制线圈中电流的大小和通电时间的长短。

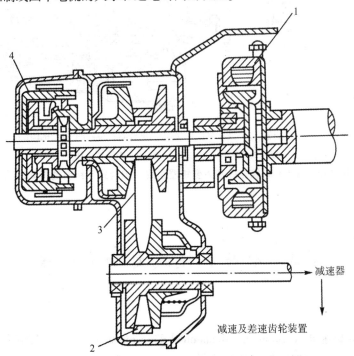

1—电磁离合器；2—工作带；3—CVT；4—行星齿轮变速器。

图4-22　CVT与电磁离合器组成的无级变速传动系统

2. 双状态无级变速传动

传统的液力耦合器和电磁离合器可以有效地解决汽车起步过程中不平稳的问题，然而这两种起步离合器不能改变转矩，不能扩大整车的传动比。因而通常可以将无级变速器与液力变矩器结合起来，利用液力变矩器改变转矩的能力，整车的传动比范围得以扩大，使汽车可以在最合理传动比的范围内运行，以提高燃油经济性。

德国 ZF 公司在 1991 年发布了一款带锁止离合器的液力变矩器与无级变速器结合的组合式无级变速器。图 4-23 所示为该组合式无级变速器的传动装置。发动机的动力经锁止离合器 1（液力变矩器）传递到行星齿轮机构 5，再经过无级变速器 7 传递到主减速器 8，最后经过差速器 9、半轴 10 传递到车轮。采用这种组合方式，在起步或者低速时液力变矩器工作，当汽车达到一定速度时液力变矩器变成液力耦合器，通过无级变速器进行变速，因而这种变速方式也称为双状态无级变速传动。

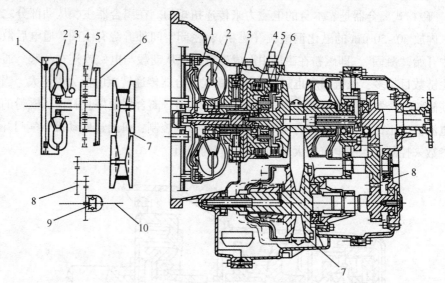

1—锁止离合器；2—液力变矩器；3—液压泵；4—前进挡离合器；5—行星齿轮机构；6—倒挡离合器；
7—金属带无级变速器；8—主减速器；9—差速器；10—半轴。

图 4-23　CVT 与综合式液力变矩器组成的组合式无级变速传动系统

4.4　电控机械式自动变速器

机械式自动变速器（Automatic Mechanical Transmission，AMT）是传统的手动变速器（Manual Transmission，MT）与自动变速器（Automatic Transmission，AT）结合的一种自动变速器。电控机械式自动变速器如图 4-24 所示，通过在原有的手动变速器上加装起步与自动换挡机构，使其能够根据汽车的运行状况自动完成换挡操作。机械式自动变速器不仅有着手动变速器高传动效率、价格低廉等优点,还有着自动变速器的起动、换挡自动完成的优点。

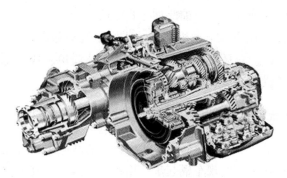

图 4-24　电控机械式自动变速器

4.4.1　组成与分类

1. 电控机械式自动变速器的组成

电控机械式自动变速器系统主要由 3 大部分组成:自动离合器、齿轮式机械变速器和电子控制系统。换挡时,发动机节气门开度的调节、离合器的分离和接合、变速器的选换挡机构都需要进行自动控制。

电子控制系统由电子控制单元(ECU)、传感器和执行器组成。

1) ECU

ECU 根据传感器传来的电信号(如车速和节气门开度)进行计算,根据计算结果判断是否需要进行换挡操作。如需换挡,则会通过控制执行器完成换挡操作。

2) 传感器

车用传感器种类很多,用于收集汽车的各项数据,如节气门位置传感器可以测得节气门的位置、车速传感器可以测得汽车行驶的速度等,并将测得的数据转换为电信号传给ECU,以供 ECU 判断是否执行换挡操作。

3) 执行器

执行器是电子控制系统中的各个电磁阀,主要有开关式电磁阀和线性脉冲电磁阀两种。开关式电磁阀通常用来控制换挡阀和变矩器锁止离合器油路的开闭。线性脉冲电磁阀一般用来控制油路中的油压。

2. 电控机械式自动变速器的分类

根据换挡和离合器操纵方式,电控机械式自动变速器分为液压驱动式、气压驱动式和电机驱动式。

(1) 液压驱动式:选换挡和离合器的控制主要靠油压实现,而节气门的自动操纵可以独立于自动变速系统,对节气门的操纵可以采用液压、电机或者线性电磁铁等多种驱动方式。液压系统通过电控单元的指令控制电磁阀,使执行机构自动地完成离合器分离、接合和变速器选换挡。电控液压选换挡系统具有容量大、操作简便、易于实现安全保护、具有一定的减振与吸收冲击的能力等优点。其缺点是液压元件对加工精度要求非常高，造成成本较高。

（2）气压驱动式：选换挡和离合器的控制主要靠气压实现。由于气压系统压力波动较大，不利于对离合器的精确控制，目前此种方式应用较少。

（3）电机驱动式：采用直流电动机来驱动选换挡机构和离合器，与液压驱动的相比，具有机构简单、控制灵活、对环境的适应能力强、工艺简单、成本低、能耗小等特点。其缺点是电机的执行动作没有液压式精确，选换挡动作相对迟缓。

4.4.2 电控机械自动变速器的工作原理

汽车自动换挡系统是在手动变速器和干式离合器的基础上，应用自动变速理论，由电控单元（ECU）控制执行机构实现车辆起步、换挡自动操纵。其工作原理如图4-25所示，ECU根据驾驶员的意图（加速踏板、制动踏板、变速器手柄）及车辆的状态（发动机转速、离合器从动盘转速、车速），按换挡规律实时、在线地担负起多路输入信号的采集、加工处理以及控制决策和控制指令的发出；借助相应的执行机构自动地完成节气门开度的调整、离合器的分离和接合、变速器的选换挡动作，使换挡过程自动完成。在车辆上取消了离合器踏板和变速杆，只保留了加速踏板，通过它向微机发出控制车辆的信息。

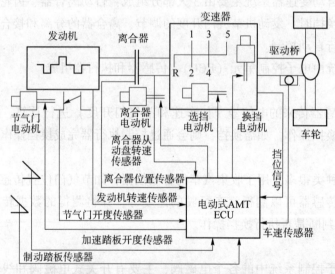

图4-25 电动式AMT工作原理图

4.4.3 电控机械自动变速器的优缺点

1. 优点

由于电控机械自动变速器采用了电控操作系统，因而具有以下优点：

（1）可实现更合理、更复杂的控制，以获得更理性的燃油经济性。

（2）由于简化了液压系统，从而使结构紧凑、质量轻。

（3）控制精度高、反应快且动作准确。

（4）无须更换系统中的零件，故适应性强，开发周期短。

（5）便于整车的控制系统集成，控制系统兼容性好。

2. 缺点

由于结构形式的限制，与 AT 相比，这种自动变速器在控制上难度较大，主要体现在以下几个方面：

（1）换挡时需要切断动力，但因为没有液力变矩器，故在起步、换挡过程中冲击较大。

（2）对起步、换挡过程的控制要求较高，与湿式多片离合器相比，单、双片干式离合器不允许长时间打滑，否则会烧坏摩擦片。

（3）固定轴式变速器比旋转轴式变速器难于自动化，多采用拨叉换挡，比用离合器和液压制动器换挡冲击大。

（4）机械式自动变速器需要在换挡时变化节气门，而液力自动变速器的换挡过程是在定节气门状态下进行。

第5章 悬架系统新技术

5.1 空气悬架

空气悬架主要分为复合式、机械式及电控空气悬架三种形式。

1. 复合式空气悬架

其包括空气弹簧和金属弹簧，作为悬架系统的减震器和导向机构，利用空气弹簧的刚度特性改善车辆悬架的平顺性。

2. 机械式空气悬架

进行了结构优化，去掉了原有的金属弹簧，增加减震器、导向机构、横向稳定器及高度控制阀等机构。可根据整车载荷进行空气弹簧的充放气，对车身高度进行调节，维持空气弹簧刚度在正常振动区间内的恒定；但控制高度的模式单一，无法根据工况实现实时调节，容易产生频繁充放气操作。

3. 电控空气悬架

为了使车辆可以适应复杂工况，缓冲来自连续凹凸不平整路面的激励，应用电磁阀和高度传感器组成电控执行器，通过调节阻尼减震器阻尼力和空气弹簧的充放气方法实现悬架的主动式控制。图5-1所示为电控式空气悬架结构。

图5-1 电控式空气悬架结构

5.1.1 空气悬架结构及其工作原理

空气悬架主要由空气弹簧、高度阀、导向传力机构、减振阻尼装置、横向稳定器、压气机、储能器及管路组成。

1. 空气弹簧

空气弹簧将空气作为弹性介质，也就是在一个密闭的容器内充入压缩空气（气压为 0.5~1 MPa），根据气体压缩产生弹性的原理来实现弹簧的作用。随着载荷的增加，容器内压缩空气压力升高，相应的弹簧刚度也随之增强；相反，若是载荷减少，容器内空气压力降低，弹簧刚度也相应随之减弱，因此这种弹簧的变刚度特性较好。此外，空气弹簧还具有三方面的优点：空气弹簧内的空气介质摩擦极小、工作时几乎没有噪声以及对于高频振动的吸收和隔音性能极好。空气弹簧有两种类型：囊式空气弹簧和膜式空气弹簧，如图 5-2 所示。

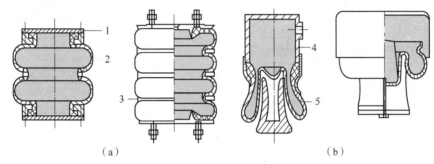

1—盖板；2—气囊；3—腰环；4—金属座；5—建控膜片。

图 5-2 空气弹簧的类型

（a）囊式；（b）膜式

囊式空气弹簧获得弹性变形的方式主要靠橡皮气囊的挠曲，膜式空气弹簧获得弹性变形的方式主要靠橡胶气囊的卷曲；囊式空气弹簧由于寿命较长、制造方便以及刚度较大，因此常用于载货汽车上；膜式空气弹簧尺寸较小，弹性特性曲线更理想且刚度较小，所以常用于乘用车上。

2. 高度阀

在空气弹簧悬架中，用来控制空气弹簧内压的执行机构是高度阀。高度阀安装在车架上，其进气口与储气筒连接，排气口和空气弹簧连接。

当空气弹簧上的载荷增加时，弹簧被压缩，储气筒内的气体通过高度阀的进气口注入气囊，气囊内气压增加，空气弹簧升高，直至恢复到原来的位置进气口关闭为止；当空气弹簧上的载荷减小时，弹簧被拉伸，气体通过高度阀的排气孔排出，直至空气弹簧下降到原来的位置排气口关闭为止。

所以在高度阀的作用下，空气弹簧的高度可以维持在平衡位置附近波动，从而保证车身高度不随载荷的变化而变化。

3. 导向传力机构

导向传力机构是空气悬架中的重要部件之一，主要用来承受汽车的纵向力、侧向力及其力矩，因此导向传力机构不仅要有一定的强度，而且布置方式要合理。由于空气弹簧在悬架中主要承受垂直载荷、减振和消振，因此导向传力机构如果设计得不合理，则会增加空气弹簧的负担，甚至会导致扭曲、摩擦等情况的发生，恶化减振效果，在一定程度上缩短了弹簧的寿命。

大部分空气悬架的导向传力机构均采用钢板弹簧式，钢板弹簧可以同时起到导向元件和弹性元件的作用，如图 5-3 所示。用这种导向机构时，易在原来的钢板弹簧基础上使结构简单化，但是钢板弹簧需要承受汽车的纵向力、侧向力及其力矩，如果钢板弹簧的强度以及刚度太低，就难以得到理想的弹性特性。近年来，空气悬架的导向机构多采用刚柔结合的方法，如图 5-4 所示，既满足了导向的要求，又具有一定的变形能力。

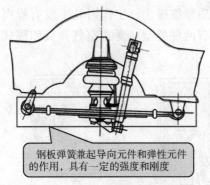

图 5-3　混合式导向机构图

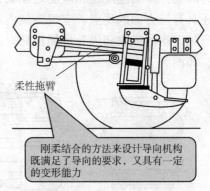

图 5-4　柔性梁式导向机构

在大客车设计中，大多采用双纵臂式四连杆导向机构，下纵臂通常安装在两侧，上面两根纵向推力杆的布置方式根据需要灵活安排，具体布置方式有两种：一种是与下纵臂同样布置；另一种是将两根上臂合在一起，布置在中间。但是这两种布置方式都不能承受侧向力，均需要加装横向推力杆。

除此之外，上面的两根推力杆还可以倾斜布置，形成一个三角形架，如图 5-5 所示，它和下面两根纵向推力杆组成一个四连杆机构，在设计时，要尽可能把两个斜杆的交点布置在垂直于后桥的横向平面内。又如在一些大客车的后悬架上采用了 V 形架结构，如图 5-6 所示，将两根纵向导向臂的铰链点在车架的连接处固定在一起，空气弹簧安装在后轮附近，从而增加了弹簧中心距，最终提高汽车抗侧倾能力。

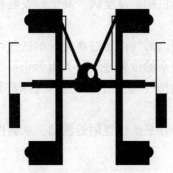

图 5-5　四连杆导向机构

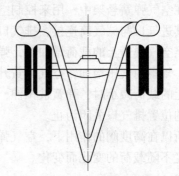

图 5-6　V 形导向机构

5.1.2 空气弹簧布置方式

悬架系统中空气弹簧的布置方式对整车性能的影响极大。在布置允许的情况下，把空气弹簧布置在车架以外是最好的方案，这样一来可以加大弹簧的中心距，获得足够大的侧倾角刚度。

1. 转向桥空气悬架

为了利于转向的实现，转向桥空气悬架的空气弹簧一般与主销的方向保持一致，如图 5-7 所示。由于一般的空气弹簧直径较大，若偏离主销位置，在车轮转向时就容易与车轮相碰引起摩擦，从而导致一方面缩短了弹簧的寿命，另一方面限制了转向轮的最大转向角。

2. 驱动桥空气悬架

驱动桥空气悬架一般要承受更大的力，因此为了提高承载能力，通常将空气弹簧布置在驱动轴的后面，如图 5-8 所示。刚性导向杆可以控制驱动桥的位置，承受驱动作用力、制动作用力及垂直载荷。重型车可以采用串联桥结构。

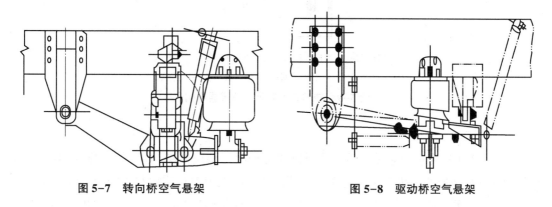

图 5-7 转向桥空气悬架　　　　图 5-8 驱动桥空气悬架

5.2 可调阻尼减震器

传统悬架减震器的阻尼特性一般是固定不变的，因此装配有传统悬架系统的车辆在行驶的过程中，该悬架系统的性能不会随路况的变化而变化，从而导致汽车行驶的平顺性和舒适性受到了限制。而可调阻尼减震器的阻尼特性可根据汽车具体行驶状路况行动态调节。

根据可调阻尼减震器的发展现状，一般按照工作特点分为三大类：节流口面积可调式、外置阻尼控制阀式以及减振液黏度可调阻尼减震器。

5.2.1 节流口面积可调阻尼减震器

1. 转阀式

图5-9所示为一种转阀式可调阻尼减震器结构，从图中可以看出，步进电动机控制驱动杆使转阀与活塞杆之间发生旋转，转阀与活塞杆之间旋转的角度使节流口的面积发生变化进而改变减震器的阻尼。当旋转角度较小时，节流口面积较小，则减震器阻尼力较大，此状态称为减震器"硬"状态；当旋转角度较大时，节流口面积较大，则减震器阻尼力较小，此状态称为减震器"软"状态。

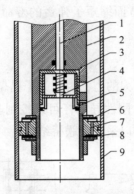

1—驱动杆；2—活塞杆；3—转阀；4—单向阀；5—单向阀座；
6—压缩板阀；7—阻尼活塞；8—伸张板阀；9—工作缸。

图5-9 转阀式可调阻尼减震器结构

2. 滑阀式

图5-10所示为一种电磁铁驱动的滑阀式可调阻尼减震器结构简图，此减震器的原理是将活塞杆挖成空心，内部装上电磁阀，通过改变电磁阀中阀芯相对于阀套的轴向位移来改变节流口面积从而达到调节阻尼的目的。当此轴向位移较小时，节流口面积较小，则减震器的阻尼力较大，此状态称为减震器"硬"状态；当轴向位移较大时，节流口面积较大，则减震器的阻尼力较小，此状态称为减震器"软"状态。

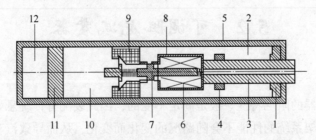

1—油封与导向套；2—上腔；3—空心活塞杆；4—限位缓冲块；5—工作缸筒；6—电磁阀；
7—阀芯；8—阀套；9—活塞；10—下腔；11—浮动活塞；12—充气室。

图5-10 滑阀式可调阻尼减震器结构

5.2.2 外置阻尼控制阀式可调阻尼减震器

图 5-11 所示为一种外置阻尼控制阀式可调阻尼减震器结构。从图 5-11 中可以看出，该可调阻尼减震器包括两部分，一部分是减震器主筒，其结构类似于双筒液压式减震器；另一部分是外置的阻尼控制阀，其结构是将减震器主筒的上腔和下腔连接在一起。当减震器的活塞杆向下运动时，下腔的油液受到活塞的挤压导致压力变大，一部分油液流经活塞总成上的阀系形成阻尼力，另一部分油液流经阻尼控制阀形成阻尼力，这两部分的阻尼力共同形成了整个减震器的阻尼力。

活塞总成上的阀系结构参数是固定的，其形成的阻尼力也是固定的，而减震器阻尼力是通过外置阻尼控制阀来调节。外置阻尼控制阀一般包括两类，一类是通过控制阀内部不同油路来达到有级控制阻尼力的目的；另一类与比例节流阀的工作基理类似，即可以通过无级地调节流经此阀的流量从而无级调节阻尼力。

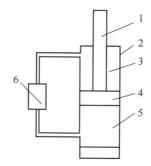

1—活塞杆；2—减震器主筒；3—上腔；4—活塞总成；5—下腔；6—阻尼控制阀。

图 5-11 外置阻尼控制阀式可调阻尼减震器结构

5.2.3 减振液黏度可调阻尼减震器

减振液黏度可调阻尼减震器是将一般减震器内油液替换为黏度可随着外界条件变化而发生改变的悬浊液，根据路况变化实时控制油液黏度，从而实时地改变阻尼力。这种减震器理论上可以获得车辆在任何时刻的最佳阻尼力，从而保证车辆行驶的最佳稳定性和安全性，但实际上内部悬浊液的性质不稳定。

电流变液减震器的结构与传统的液压双筒减震器结构相比有所差异，其活塞和底阀上没有节流阀，只有节流口面积不变的常通孔，结构相对简单。两者的工作基理也有所不同，后者在内外筒上加载电压，通过改变电压的大小从而改变减震器的阻尼力。

图 5-12 所示为一种电流变液减震器的结构。从图 5-12 中可以看出，减震器内外筒不仅作为减震器的工作缸筒，而且在其缸筒壁上加载了一定的电压，内筒上通高压电极，外筒上通低压电极，使内外筒之间形成一定的电场。在压缩腔、复原腔、补偿腔中充满电流变液，通过改变内外筒上电压大小来调节减震器内部电场强度，从而改变油液黏度，最终达到调节阻尼力的目的。

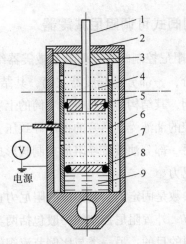

1—活塞杆；2—端盖；3—绝缘体；4—电流变液；5—活塞；6—内筒；7—外筒；8—浮动活塞；9—充气室。

图 5-12 电流变液减震器的结构

从上述可调阻尼减震器的分类可知，节流口面积可调阻尼减震器通过转阀或滑阀结构来控制节流口面积，进而对阻尼力进行控制。然而转阀、滑阀及动力源的结构都相当复杂，而且加工精度和成本都很高；同时，电流变液内部的悬浊液性质既不稳定又不易控制，控制算法相当复杂烦琐，制作成本也很高。而外置阻尼控制阀式可调阻尼减震器的结构相对简单，成本较低，只需完成对阻尼控制阀的控制即可，控制算法较易实现。

5.3 主动悬架

在汽车行驶过程中，传统悬架的参数是恒定不变的，汽车必须在特定的速度和道路上才能达到最佳性能，导致汽车行驶平顺性和舒适性受到了限制。主动悬架系统是由计算机控制的一种新型悬架系统，具有控制车身运动的功能，当汽车制动、转向或增加负载引起弹簧变形时，系统会产生一个与惯性力相对抗的力，减少车身位置的变化。主动悬架系统的出现意味着汽车将在任何车况下都会保持最佳的减振状态。

主动悬架系统按其是否包含动力源可分为两大类：全主动悬架系统（有源主动悬架）和半主动悬架（无源主动悬架）系统。

5.3.1 全主动悬架

全主动悬架通常是由执行机构、测量系统、反馈控制系统和能源系统4部分组成。全主动悬架根据汽车在行驶过程中的实际需要，对悬架弹簧的刚度和阻尼进行动态的自适应调节，从而使汽车达到最佳的行驶平顺性和乘坐舒适性。

(1) 执行机构用来执行控制系统的指令,一般为力的发生器或者转矩发生器(液压缸、气缸、伺服电动机、电磁阀等)。

(2) 测量系统用来测量系统发出的各种状态,为控制系统提供依据,包括各种传感器。

(3) 控制系统用来处理数据和发出控制指令,核心部件是电子计算机。

(4) 能源系统用来为以上部分提供能量。

目前主动悬架系统主要有3种类型:主动油气悬架、主动空气悬架及主动液力悬架。

1. 主动油气悬架系统

电子控制主动式油气悬架系统主要由油气弹簧、各相关传感器以及电控单元等组成,如图5-13所示。油气弹簧一般是惰性气体氮气作为弹性介质,而用油液作为传力介质,因此油气弹簧通常是由气体弹簧和相当于液力减震器的液压缸组成。通过油液压缩气室中的空气实现刚度特性,通过电磁阀控制油液管路中的小孔节流实现变阻尼特性。

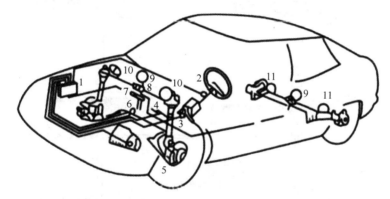

1—电控单元;2—转向盘转角传感器;3—加速度传感器;4—制动压力传感器;5—车速传感器;
6—车身高度传感器;7—电磁阀;8—辅助油气阀;9—刚度调节器;10—前主油气室;11—后主油气室。

图5-13 电子控制主动式油气悬架系统构造

1) 转向盘转角传感器

转向盘转角传感器固定在转向柱上,通过转向盘转角信号间接地把汽车转向程度(快慢、大小)的信息输送给电控单元。

2) 加速度传感器

加速度传感器实际上是与节气口踏板连接的节气门位置传感器,间接地将加速动作信号输送给电控单元。

3) 制动压力传感器

制动压力传感器安装于制动管路中,当制动时,它向电控单元发送信号,使电控单元输出抑制"点头"的信号。

4) 车速传感器

车速传感器布置于车轮上,负责输送与转速成正比的脉冲,电控单元利用它和转向盘转角信号,可以计算出车身的侧倾程度。

5) 车身高度传感器

车身高度传感器设置在车身与车桥之间，用来测量车身与车桥的相对高度，其变化频率和幅度可反映车身的平顺性信息，同时还可以用来自动调节车高。

电子控制主动式油气弹簧悬架系统的工作原理如图5-14所示。当汽车在良好路面上低速正常行驶时，电控单元根据转向盘转角传感器、加速度传感器、车身高度传感器、制动压力传感器、车速传感器输入的信号，指示电磁阀7向右移动，从而接通压力油道，使辅助液压阀8的阀芯向左移动。中间油气室9与主油气室连通，使总的气室容积增加，气压减小，从而使悬架刚度变小，因此中间油气室9又称为刚度调节器。a、b节流孔是阻尼器，系统处于"软"状态。电磁阀7中无电流通过时，在弹簧作用下，阀芯左移，关闭压力油道，原来用于推动辅助液压阀8的压力油通过电磁阀7的左边油道泄放，电磁阀7的芯阀右移，关闭刚度调节器9，气室总容积减小，刚度增大，使系统处于"硬"状态。

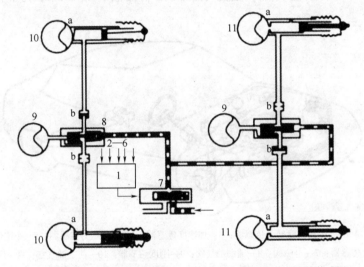

1—电控单元；2—转向盘转角传感器；3—加速度传感器；4—制动压力传感器；5—车速传感器；6—车身高度传感器；7—电磁阀；8—辅助液压阀；9—刚度调节器；10—前主油气室；11—后主油气室；a，b—节流孔。

图5-14 电子控制主动式油气弹簧悬架系统的工作原理

2. 主动空气悬架系统

图5-15所示为电子控制主动式空气悬架系统的结构布置图。该主动式空气悬架系统主要由空气压缩机、干燥器、车身高度传感器、带有减震器的空气弹簧、悬架控制执行器、悬架控制选择开关及电子控制单元组成。

空气压缩机由直流电机驱动，形成压缩空气，压缩空气经干燥器干燥后由空气管道经空气电磁阀送至空气弹簧的主气室。当车身需要升高时，电子控制单元控制空气电磁阀使压缩空气进入空气弹簧的主气室，如图5-16（a）所示，使空气弹簧伸长，车身升高；当车身需要降低时，电子控制单元控制电磁阀将空气弹簧主气室中的压缩空气排到大气中，如图5-16（b）所示，使空气弹簧压缩，车身降低。

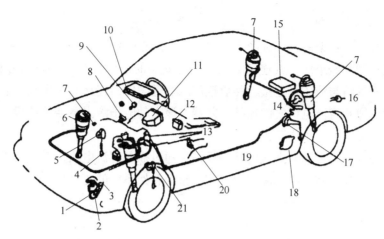

1—空气压缩机；2—空气电磁阀；3—干燥器；4—节气门位置传感器；5—车身高度传感器；
6—带有减震器的空气弹簧；7—悬架控制执行器；8—转向传感器；9—停车灯开关；10—TEMS指示灯；11—电子多点视；
12—悬架控制开关；13—1号高度控制阀；14—2号高度控制阀；15—显示器用ECU；16—诊断用接线柱；
17—车身高度传感器（后）；18—悬架用ECU；19—空气管道；20—车速传感器；21—车身高度传感器（前左）。

图5-15 主动式空气悬架的结构布置图

在空气弹簧的主、辅气室之间有一连通阀，悬架控制执行器安装在空气弹簧的上部。电子控制单元根据各传感器输出信号，控制悬架执行器，一方面改变空气弹簧主、辅气室之间的连通阀，使主、辅气室之间的气体流量发生变化，从而改变悬架的弹簧刚度；另一方面，执行器驱动减震器的阻尼力调节杆来改变减震器的阻尼力。

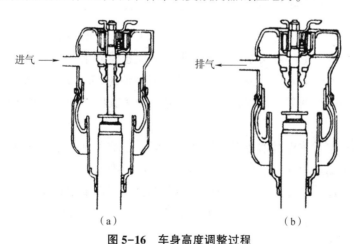

图5-16 车身高度调整过程
(a) 车身升高；(b) 车身降低

在电子控制主动式空气悬架系统中，可以同时控制车身高度、弹簧刚度及减震器阻尼力，且各自可以取三种数值，其所取数值由电子控制单元根据当时的运行条件和驾驶员选定的控制方式决定。自动控制模式有四种，分别是控制车身高度的"常规值自动控制"和"高值自动控制"以及控制弹簧刚度和减震器阻尼力的"常规值自动控制"和"高速行驶时自动控制"，驾驶员可以任意选择以上四种自动控制模式。

3. 主动液力悬架系统

主动电子液力式悬架的结构如图 5-17 所示。系统主要由液压缸、液压泵、直流电机、控制器、蓄电池和弹簧组成。其连接方式为平行安装的液压缸和弹簧与车身和车桥相连，液压缸通过液压管路与液压泵连接，然后液压缸通过联轴器连接直流电机，直流电机再连接蓄电池，蓄电池和直流电机之间连接控制器。该主动电子液力悬架系统没有采用液压阀件，结构简单，成本低，工作范围广。

其工作原理为：根据悬架系统的状态反馈，通过控制直流电机的转速和方向来调节液压泵的流量，从而控制液压缸的阻尼力，实现整个悬架系统的主动控制。

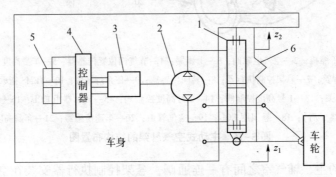

1—液压缸；2—液压泵；3—直流电机；4—控制器；5—蓄电池；6—弹簧。

图 5-17　主动电子液力悬架的结构

5.3.2　半主动悬架

半主动悬架与主动悬架的不同之处在于用可调阻尼的减震器取代了执行器。因而半主动悬架只需改变悬架阻尼的悬架系统，不用考虑改变悬架的刚度，所以半主动悬架是由无动力源且只有可控的阻尼元件（减震器）和支持悬架质量与减震器并联的弹簧组成。除此之外，主动悬架的执行器需要做功，而半主动悬架的减震器则是通过调节阻尼力来控制所消耗能量的多少。

根据半主动悬架系统控制器改变悬架系统的阻尼系数和刚度系数这两种方式，可将其分为阻尼可调半主动悬架和刚度可调半主动悬架。由于阻尼可调减震器相比刚度可调减震器在结构和能耗方面具有较大优势，所以目前大部分研究都集中在阻尼可调减震器上。阻尼可调半主动悬架可以分为可切换式（有级）和连续可调式（无级）两类。

1. 可切换阻尼式悬架

常见的可切换阻尼式悬架一般设置 2~3 个级别，对于二级式悬架，阻尼设置为"硬"和"软" 2 个级别；对于三级式悬架，阻尼设置为"硬""中"和"软" 3 个级别。阻尼系数可在几挡之间快速切换，切换的时间通常为 10~20 ms，控制方法通常根据车身的相对速度和绝对速度来改变系统阻尼的设置。

2. 连续可调阻尼式悬架

连续可调减震器的阻尼系数在一定范围内可以连续变化，有两种基本实现方式：一种是通过调节减震器节流阀的面积来改变阻尼特性的孔径调节式，其孔径的改变大多数情况下可由电磁阀或其他类似的机电式驱动阀来实现；另一种是电流变或磁流变可调阻尼器，其工作原理是通过改变电场或磁场强度来改变流变体的阻尼特性。在这两种结构中，前者技术上比较成熟，而后者属于新兴技术。随着对这项技术的深入研究和不断突破，将来这项技术可能会成为较有前途的半主动悬架形式。

5.4 磁流变悬架

磁流变悬架使用磁流变液这种新型智能材料，并根据磁流变液特有的磁流变效应即可直接通过普通低伏电源（一般的蓄电池）供电来改变悬架的刚度和阻尼特性，使其运动部件大为减少，几乎无碰撞噪声，还能避免高伏电压带来的危险和不便，磁流变效应如图 5-18 所示。除此之外，与传统的汽车减震器相比，磁流变悬架具有以下五个优点：结构简单、功耗极低、控制应力范围广、可实现对阻尼力的瞬间精确控制以及对杂质不敏感。

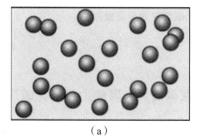
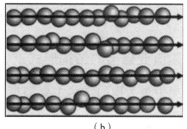

图 5-18 磁流变效应
（a）不加磁场；（b）外加磁场

5.4.1 磁流变悬架工作原理

磁流变悬架工作原理如图 5-19 所示，磁流变的工作模式主要有 3 种：流动模式、剪切模式和挤压模式。流动模式是在两固定不动的极板间充满磁流变液体；剪切模式是在两相对运动的极板之间充满磁流变液体。二者都是外加磁场经过极板垂直作用于两极板之间的磁流变液体，使磁流变体的流动性能发生变化，达到外加磁场控制阻尼力的目的。

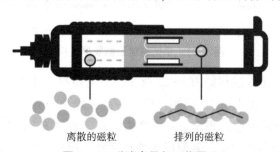

图 5-19 磁流变悬架工作原理

如图5-20所示,在上下两极板之间充满磁流变液,上极板为活动板,下极板为固定板,外加磁场经过极板垂直作用于两极板之间的磁流变液,当上极板沿磁场方向向下移动时,磁流变液向四周流动,控制外加磁场即可控制极板所受的阻尼力。挤压模式减震器具有小位移大阻尼的特点,主要用于精密仪器的减振。汽车磁流变减震器一般是基于流动模式或是基于流动模式和剪切模式的混合模式而设计的。

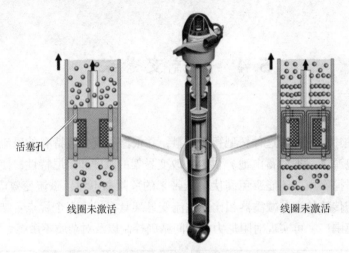

图5-20 磁流变悬架基于磁流变效应调整阻尼

5.4.2 磁流变悬架的结构形式

磁流变悬架中最关键的结构主要都集中在减震器,因此主要研究磁流变减震器的结构。

1. 单筒磁流变减震器

单筒磁流变减震器一般由活塞杆、限位块、磁流变液、油液通道、线圈、励磁铁芯、浮动活塞以及蓄能器组成,如图5-21所示。

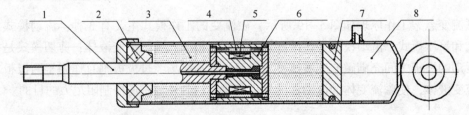

1—活塞杆;2—限位块;3—磁流变液;4—油液通道;5—线圈;6—励磁铁芯;7—浮动活塞;8—蓄能器。

图5-21 单筒磁流变减震器结构

单筒磁流变减震器工作过程如图5-22所示,驱动电路产生驱动磁流变减震器的驱动电压U,在驱动回路中产生电流I,继而在活塞中产生磁动势NI,并在励磁铁芯中发出磁场强度H,在活塞与油液通道的磁流变液中产生磁感应强度B。磁场使得磁流变液内悬浮的铁磁颗粒重新排布成链式结构。悬架运动带动活塞以速度v相对筒体运动,推动磁流变液流经油液通道产生剪切应变率 γ，液体由于链式结构的阻碍产生剪切应力 τ，进而在油液通道两端形成压强差 ΔP，ΔP 作用于活塞产生阻尼力 F，阻尼力 F 由活塞杆输出。

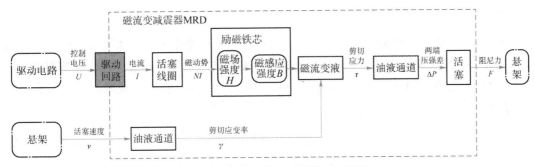

图 5-22 单筒磁流变减震器工作过程

2. 双筒磁流变减震器

双筒减震器采用磁极固定式，它含有两个磁极，分别安装在减震器两端，在内筒和外筒之间形成一个阀，磁流变液在内筒和外筒中流动时产生阻尼力。这种磁极不动的布置方便导线引出，并且由于磁极分开，单个磁极可以独立控制，输出阻尼力可以在一个较大范围内变化。为了补偿活塞进、出引起的体积变化，该减震器在内外缸筒之间包裹一层特殊橡胶制成的泡沫，这种橡胶泡沫既可以被压缩，又可以当压力降低时恢复其本来的形状，实现补偿功能。作为补偿机构的橡胶泡沫抗磁流变液腐蚀的性能是保证工作可靠性的关键。

图 5-23 所示为内旁通式双筒磁流变减震器结构，由两根同心管和内管中的活动活塞组成，内管作为活塞导管和筒管，缠绕有 5 级电磁线圈组，在外加电流下，外管和内管上的 5 个主动环与环形磁流变流动间隙形成闭合回路，内管产生磁场，穿过环形阀至外管，然后穿过环形阀回到内管，形成磁性回路。

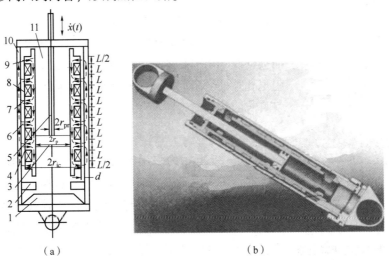

1—蓄能器；2—连接器；3—活塞；4—主动环；5—活塞环；6—流动间隙；7—磁流变液；8—磁力线；
9—电磁线圈；10—筒管（内管）；11—外管。

图 5-23 内旁通式双筒磁流变减震器结构
（a）内部结构；（b）实物图

该双筒磁流变减震器比具有相同长度和气缸直径的常规单筒磁流变减震器有更大的动态力调节范围。

3. 自感知磁流变减震器

图 5-24 所示为一种速度自感知磁流变减震器。从功能上看，它主要由内置磁致伸缩传感装置、磁流变减振装置、活塞杆、导向件、密封件及内外筒组成。在减震器内部，内置磁致伸缩传感装置包括超磁致伸缩棒、铝套和探测线圈；磁流变减振装置包括磁流变液、激励线圈、上下磁辄和内筒部分。

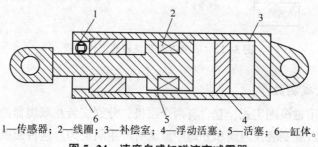

1—传感器；2—线圈；3—补偿室；4—浮动活塞；5—活塞；6—缸体。
图 5-24 速度自感知磁流变减震器

自感知磁流变减震器是在传统磁流变减震器基础上，在其内部安装内置磁致伸缩传感装置，相对一般磁流变减震器的加速度、速度信号测量，内置磁致伸缩传感装置能更好地实现同位检测，在一些需要精确控制的场合具有明显的优势。自感知磁流变减震器通过内置磁致伸缩传感装置获取加速度信号，并以此为输入变量，通过模糊控制算法控制激励线圈的输入电流。

自感知磁流变减震器阻尼力包括两个方面：

（1）励磁线圈产生变化的磁场用以改变磁流变液的状态，从而改变阻尼孔隙处的阻尼力。

（2）超磁致伸缩材料通过受力来改变内部磁路分布，从而被动改变阻尼孔隙处的磁场大小，最终在一定范围内改变阻尼孔隙处的阻尼力。被动减振可以利用超磁致伸缩材料本身具有的特性实现减振，以节约能源。

4. 自供电磁流变减震器

图 5-25 所示为采用空间共享原理设计的自供电磁流变减震器，主要由磁流变减震器、隔磁机构、连接装置和发电机四部分构成；将发电机与磁流变减震器集成为一体，具有减振和馈能两个功能属性。内筒为磁流变减震器，主要由缸筒、底座、浮动活塞、导向机构、活塞、活塞杆、导向座和吊环组成。

1—连接装置；2—发电机；
3—隔磁机构；4—磁流变减震器。
图 5-25 自供电磁流变减震器

隔磁机构外部为永磁直线发电机，它由定子和转子两部分组成。定子是线圈座及绕组，转子是安装在隔磁座上的准 Halbach 阵列永磁体。将永磁直线发电机转子总成与活塞杆固连，定子总成与缸筒固连，在外界激励下，活塞杆与缸筒产生相对运动，因而转子总成和定子总成也产生相对运动。由于转子总成主要是永磁体组，定子总成内含线圈绕组，根据法拉第电磁感应原理，永磁体切割发电线圈产生感应电压，通过能量回收电路产生电能并将其存储在储能装置中。与此同时，控制器根据传感器输入的振动信号进行半主动控制，输出控制信号使储能装置向减震器内的励磁线圈通电，在减震器阻尼通道产生可控的磁场，形成磁流变效应，从而产生可控阻尼力。如果通过永磁直线发电机回收的电能能够满足磁流变半主动控制通入励磁线圈需要的电能，那么该悬架系统就可以实现自供电。

5.5 馈能式悬架

传统悬架中液压式减震器通过热传导将油液的热能散发到空气中，这部分热能得不到利用而浪费，减震器的寿命也会降低。为了进一步提高汽车经济性，提出一种能量回馈式悬架（也称为馈能式悬架），该悬架集馈能与减振功能于一体。此种悬架能在实现振动衰减的同时，不但能将振动能量回收利用，还能将耗散的热能转变成电能并储存起来，为汽车电器所用，降低汽车能耗，实现环保节能。

5.5.1 现有馈能式悬架的主要结构

现有的馈能式悬架按能量转换模式主要分为五种：机电式、电磁式、压电式、液压式和电液式。

1. 机电式馈能悬架

机电式馈能悬架可以把悬架的上下往复直线运动转换成电机的旋转运动，从而将机械能转换成电能并储存起来。现阶段研究的机电式馈能悬架主要有3种：滚珠丝杠式馈能悬架、齿轮齿条式馈能悬架和曲柄连杆式馈能悬架。

1) 滚珠丝杠式馈能悬架

滚珠丝杠式馈能悬架集成电机、电池和滚珠丝杠机构，使车体与轮胎的相对直线运动转化成旋转运动以带动电机旋转，并储存产生的电能，如图5-26所示。

车辆在路面行驶过程中，滚珠螺母沿轴上下移动从而带动螺杆和电机正反转，达到能量回收的目的，并根据路面反馈的信息，通过调节充电电路中的负载阻值和主动调节馈能减震器的阻尼力，从而实现主动控制。

2) 齿轮齿条式馈能悬架

齿轮齿条式馈能悬架与传统悬架不同之处在于用齿轮齿条机构代替传统悬架的油液减震器，如图5-27所示。馈能减震器将电机/发电机固定在簧载质量上，齿条固定在非簧载质量上，齿轮与电机/发电机的转子相连，齿条的直线运动不仅可以带动发电机发电，还能将电能储存起来,实现能量回收。

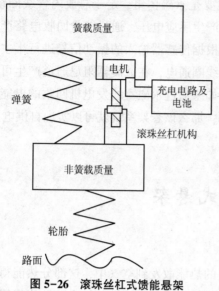

图 5-26 滚珠丝杠式馈能悬架　　图 5-27 齿轮齿条式馈能悬架

当车辆在路面行驶时,不平整的路面会造成悬架的上下振动,因而会引起连接车身和车轮的馈能减震器上下端的相对位移,馈能减震器通过提供阻尼力来削弱汽车悬架的振动,这时馈能悬架起到作动器的作用。

3) 曲柄连杆式馈能悬架

在传统悬架的基础上增加一套曲柄连杆机构组成曲柄连杆式馈能悬架,如图 5-28 所示,将车轮的往复运动转换为曲柄的旋转运动,进而达到带动电机发电的目的。

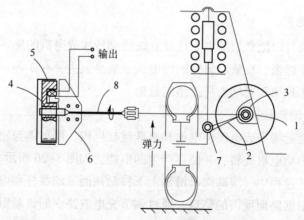

1—底盘支撑点;2—输入连杆;3—扭矩连杆;4—超越离合器;5—电机转子;6—装配支撑件;7—铰链。

图 5-28 曲柄连杆式馈能悬架

曲柄连杆式馈能悬架具有以下三方面不足:

(1) 增加了一套曲柄连杆机构,造成馈能悬架过于臃肿且机构复杂,安装性较差。

(2) 曲柄连杆式馈能悬架没有取消传统减震器，能量回收效率较低。

(3) 曲柄连杆机构反应较慢，不能及时、有效地缓解路面不平对车身造成的冲击。

2. 电磁式馈能悬架

电磁式馈能悬架主要分为2种：电磁线圈感应式和直线电机式。

1) 电磁线圈感应式

电磁线圈感应式馈能悬架将永磁体和线圈构成的能量回收装置代替传统的液压减震器，如图5-29所示。当车轮和车身相对振动时，永磁体会上下移动以切割线圈，该动作相当于线圈在磁场中切割磁感线，从而产生电能，并通过整流器总成将交流电转化为直流电，储存在蓄电池当中。

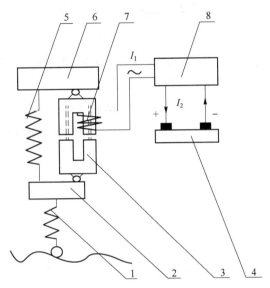

1—轮胎等效弹簧；2—非簧载质量；3—励磁永磁体；4—蓄电池；5—悬架弹簧；
6—簧载质量；7—馈能线圈；8—整流器总成。

图5-29 电磁线圈感应式馈能悬架

2) 直线电机式

直线电机式馈能悬架是用直线电机代替传统的减震器，如图5-30所示。与电磁感应式的馈能悬架相比，直线电机式的馈能悬架省去了整流桥、线圈永磁体等中间装置，将车身和车轮之间相对运动的振动能量直接转化为电能并储存起来。由于直线电机内部的线圈切割磁感线，带电的线圈同时给悬架提供必要的阻尼力，衰减车身振动。

3. 压电式馈能悬架

压电式馈能悬架主要是应用压电材料将悬架的振动能量转化为电能。由于压电材料构造简单，因而不仅布置形式相对灵活，还便于安装。目前研究较多的压电式馈能悬架主要有2种：悬臂梁式和滚动压迫式。

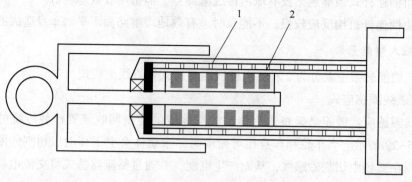

1—磁铁；2—线圈。

图 5-30　直流电机式馈能悬架

1) 悬臂梁式

悬臂梁式馈能悬架将压电元件一端固定在馈能元件的壳体上，另一端为自由端，且与凸轮接触，如图 5-31 所示。当汽车在不平整路面上行驶时，车桥相对于车身的振动通过齿轮齿条传动转换为凸轮轴的转动，凸轮轴带动凸轮旋转，压电元件受到凸轮的推动而产生弯曲振动。由于压电元件具有正压电效应，压电元件将机械能转换为电能，通过电能储存电路进行储存，同时压电元件产生阻尼。

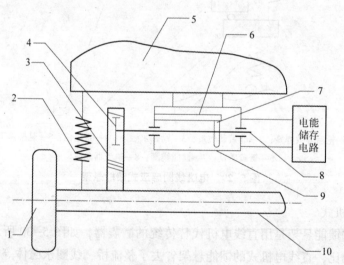

1—车轮；2—弹性元件；3—齿条；4—齿轮；5—车身；6—压电元件；
7—凸轮；8—凸轮轴；9—外壳；10—车桥。

图 5-31　悬臂梁式馈能悬架

2) 滚动压迫式

滚动压迫式馈能悬架与悬臂梁式馈能悬架的主要区别在于滚动压迫式馈能悬架在传统减震器的旁边并联了一套馈能装置，如图 5-32 所示，可以起到衰减振动的作用，压电元件与普通的减震器相比还可以起到能量回收的作用。

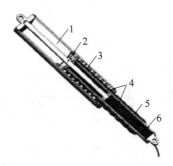

1—外缸；2—活塞杆；3—滚珠套筒；4—电流变弹性体；5—压电套；6—内缸。

图 5-32 滚动压迫式馈能悬架

滚动压迫式馈能悬架利用滚珠轴套压迫若干压电套组合，将上下的振动转换为单向的压迫，具有机械整流的功能，可以获取更多的能量，控制方便。而且，这种压电馈能装置占用空间小，在结构上可以与阻尼器并联，不仅可以减小减震器体积，还能增加减震器的有效行程。

4. 液压式馈能悬架

液压式馈能悬架是在传统油液悬架基础上改造而成的，该液压式馈能悬架的工作原理是将传统悬架系统中阻尼元件耗散的热能转化为供车上液压耗能组件使用的液压能，其结构如图 5-33 所示。

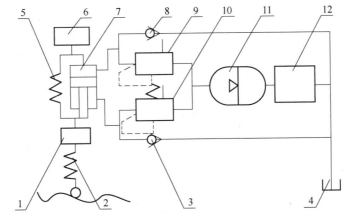

1—非簧载质量；2—轮胎等效弹簧；3，8—单向阀；4—液压油箱；5—悬架弹簧；
6—簧载质量；7—液压缸；9，10—馈能功率调节器；11—蓄能器。

图 5-33 液压式馈能悬架结构

5. 电液式馈能悬架

电液式馈能悬架是在液压式馈能悬架的基础上增加一套电力转换机构，其工作原理是将蓄能器中的液压能转换成电能并储存起来，如图 5-34 所示。

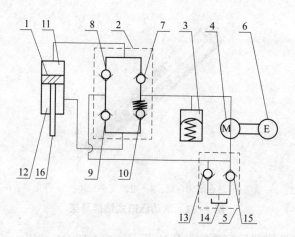

1—活塞；2—液压整流桥；3—蓄能器；4—液压马达；5—容积变换桥；6—直流发电机；7—第一单向阀；8—第二单向阀；9—第三单向阀；10—第四单向阀；11—无杆腔；12—有杆腔；13—第五单向阀；14—油箱；15—第六单向阀；16—活塞推杆。

图 5-34 电液式馈能悬架

当汽车在不平路面行驶时，通过由四个单向阀组成的液压整流桥后，带动马达做旋转运动，进而带动发电机发电。电液式馈能悬架不仅具有液压式馈能悬架稳定性好的优点，还有电磁式馈能悬架高效的特点，并能使油液单向流动，延长了液压马达和电机的寿命。

第6章 转向系统新技术

汽车转向时驾驶员需要通过转向盘用较小的操纵力获得较大的转向力矩,同时为了感知车辆的动态变化情况,驾驶员需要通过转向盘感知转向阻力矩大小的变化,从而获得一定的"路感"。

6.1 动力转向系统

动力转向系统通过在机械转向系统中增加一个动力装置,辅助驾驶员完成转向任务。

6.1.1 机械液压助力转向系统

机械液压助力转向系统通过在传统机械转向系统的基础上加装一套液压助力装置,减轻了驾驶员操纵转向机构的负担。

1. 机械液压助力转向系统组成

机械液压助力转向系统结构如图 6-1 所示,主要包括机械式转向系统、转向油罐、转向油泵、转向控制阀和转向动力缸等。发动机产生的动力带动曲轴转动,曲轴再通过皮带驱动液压油泵工作产生高压油。转向油泵和转向控制阀分别与转向油罐的进、出油管连接。转向控制阀的作用是改变油路。

2. 机械液压助力转向系统工作原理

机械液压助力转向系统可分为常压式和常流式两种类型。常压式指的是当汽车行驶时,整个液压系统一直处于高压状态,不论汽车是否处于转向状态。常流式指的是当汽车行驶时,为了保持油路常通,流量控制阀一直处于中间位置,不论汽车是否处于转向状态。

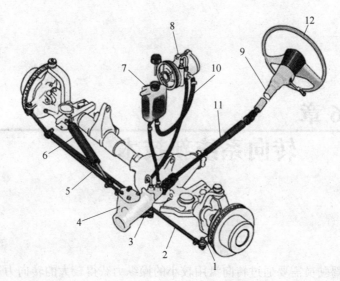

1—转向节臂；2—转向横拉杆；3—转向摇臂；4—整体式转向器；5—转向直接杆；6—转向减震器；
7—转向油罐；8—转向油泵；9—转向轴；10—转向油管；11—转向中间轴；12—转向盘。

图 6-1　机械液压助力转向系统结构

1）常压式

车辆处于直线行驶状态时，转向控制阀处于中位，阀门将进油口封闭，油缸不工作。驾驶员转动转向盘时，机械转向器中的转向摇臂等传动部件将转向控制阀的阀芯推入开启的位置，液压油通过管路进入转向动力油缸，按照驾驶员转动方向推动油缸活塞移动，带动转向传动机构，给转向机构施加一定助力。发动机驱动液压油泵工作，向储能器提供一定的压力油；当液压油泵中的油压超过规定值时，为了保证液压回路里的油压不至于过高，液压油可以通过回路回到油罐。常压式液压助力转向系统结构如图6-2所示。

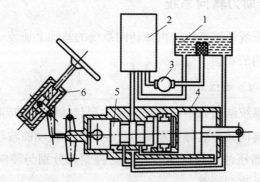

1—转向油罐；2—储能器；3—转向液压泵；4—转向动力油缸；5—转向控制阀；6—机械转向器。

图 6-2　常压式液压助力转向系统结构

2）常流式

车辆处于直线行驶状态时，转向控制阀处于开启位置，此时液压油通过油泵和转向控制阀流回油罐，由于此时转向动力缸活塞两端受到相同的压力（压力较低），因此活塞不移动。驾驶员转动转向盘时，机械转向器使转向控制阀的某一个与转向对应的回油管路处于封闭状态，导致动力缸对应侧的压力上升，活塞移动，带动拉杆机构推动转向器动作，以帮助驾驶员转向。常流式液压助力转向系统结构如图6-3所示。

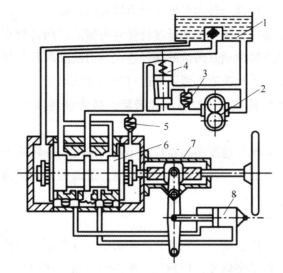

1—转向油罐；2—转向液压泵；3—安全阀；4—流量控制阀；5—单向阀；
6—转向控制阀；7—机械转向器；8—转向动力缸。

图6-3 常流式液压助力转向系统结构

机械液压助力转向系统在机械式转向系统的基础上，增加了液压系统提供助力，可很大程度上减少驾驶员体力消耗；无论转向发动机是否一直驱动油泵工作，液压系统消耗了一部分发动机的动力，增加油耗，降低燃油经济性；除此之外，助力特性无法随车速及路况变化而变化，若保证了低速时转向的轻便性，高速时转向的稳定性就会受到影响，会有"发飘"的感觉，很难同时兼顾低速与高速时转向的良好性。

6.1.2 电控液压助力转向系统

电控液压助力转向系统在机械液压助力转向系统的基础上，通过加装电子控制装置来提高转向系统性能。根据控制方式的不同，电控液压助力转向系统可分为流量控制式、反力控制式以及阀灵敏度控制式。

1. 流量控制式

流量控制式通过获取速度传感器信号，从而调节液压助力转向装置的油量输入和压力，以控制液压动力的大小，一般在液压助力转向系统的基础上增加流量控制电磁阀、速度传感器、电控单元和控制开关等部件。

当汽车处于直线行驶状态时，控制阀处于中间位置，液压油通过控制阀流回到储液罐。此时，动力油缸活塞两侧的压力是相等的，活塞不会向一个方向移动；当车辆转向时，转向轴带动控制阀旋转，并关闭其中一个液压通道，使另一个液压通道开放更大，液压油被送到活塞端，形成活塞两侧的压差，活塞移动到低压侧，起到助力的作用。

流量控制式液压助力转向系统可分为并联电磁阀控制式和旁路流量控制式。

1) 并联电磁阀控制式

并联电磁阀控制式电控助力转向系统在动力转向的基础上，通过增加并联电磁阀、电控单元和速度传感器等部件，使汽车在低速行驶时所需的转向力较小；当车速较高时，所需转向力适当增大。动力转向油缸两侧的路径连接动力油缸两腔并联油，液压油由旁路电磁阀控制，电磁阀根据汽车加速度将旁路油道打开或逐渐增加，动力转向油缸高压油的高压侧流向转向动力缸低压油腔，同时返回储液罐，减小液压助力转向缸活塞两侧的差速器，助力转向动力减弱。

其主要工作过程是：汽车速度传感器检测车辆的速度，并转换为电信号送到电子控制单元，电子控制单元发出命令控制比例电磁阀电流，进而控制开放油管道的大小，调整控制动力油缸油压大小。

2) 旁路流量控制式

旁路流量控制式电控液压助力转向系统结构如图6-4所示，其特点是在普通液压动力转向系统的基础上，增加了旁路流量控制阀、车速传感器、转向角速度传感器、电子控制单元和控制开关等装置。除此之外，在转向液压泵与转向机体之间设有由流量控制阀控制的旁通管路。

(1) 旁路流量控制阀：阀体内主要有主滑阀和稳压滑阀。主滑阀的右端与电磁线圈柱塞连接，主滑阀在电磁线圈的作用力下移动，改变主滑阀左端的流量主孔的流通面积，同时调整调节螺钉以调节旁路流量的大小。稳压滑阀的作用是稳定流量主孔前后的压差。当转向负荷的变化导致流量主孔前后压差偏离设定值（与稳压滑阀左侧弹簧压力相关）时，稳压滑阀将在其左侧弹簧压力和右侧油压的作用下发生滑移。如果压差大于设定值，则滑阀左移，使节流孔开口面积减小，减少流入流量主孔的液压油量，前后压差减小；如果压差小于设定值，则滑阀右移，使节流孔开口面积增大，流入流量主孔的液压油量增多，前后压差增大。流量主孔前后压差的稳定，确保了旁路流量的大小与主滑阀控制的流量主孔的开口面积相关。

(2) 转向盘转向角速度传感器：作用是检测转向盘是否位于中间位置及转向盘的偏转方向和偏转速度。转向盘转向角速度传感器一般是光电式转角速度传感器，通过在转向盘的转向轴上装有一个带窄缝的遮光盘，窄缝呈等距均匀分布，传感器的光电元件由发光二极管和光敏三极管组成，相对安装在遮光盘两侧。当转向盘的转轴带动圆盘偏转时，传感器的发光二极管的光线通过窄缝圆盘空隙或被遮光盘遮挡，从而光敏接收元件就有ON、OFF变换，形成脉冲信号。转向盘偏转时，遮光盘随之转动，使传感器之间的光束产生通断变化，遮光盘的这种反复开、关状态形成与转向轴转角成一定比例的数字脉冲信号，转向控制装置可根据此信号的变化来判断转向盘的转角和转速。一般传感器在结构上采用两个光电合器，两个光电合器在安装上使它们的ON、OFF变换的相位错开一定的角度，可根据检测到的脉冲信号的相位差来判断转向盘的偏转方向，即通过判断哪个遮光器先转变为 ON 状态，转向轴就偏向哪个方向。当左转时，左侧光敏接收元件总是先于右侧光敏接收元件到达 ON 状态；当右转时，右侧光敏接收元件总是先于左侧光敏接收元件到达 ON 状态。

（3）转换开关：驾驶员利用仪表板上的转换开关可以选择适应不同行驶条件的转向力特性曲线。

（4）电子控制单元（ECU）：可根据车速信号和转向盘转角信号调节比例电磁阀的开启程度来改变旁通支路的流量，控制进入液压转向油缸的液压油流量，进而改变转向油缸中活塞两侧之间的压差，达到转向助力特性可变的目标。

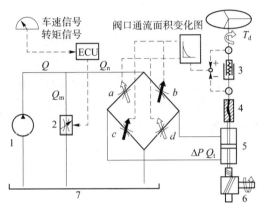

1—液压泵；2—电液比例阀；3—扭杆；4—循环球机构；5—液压助力缸；6—齿条齿扇机构；7—油箱。

图 6-4　旁路流量控制式电控液压助力转向系统结构

2. 反力控制式

反力控制式电控液压助力转向系统在传统液压助力转向系统的基础上，添加了一套反力控制装置，使阀芯和阀套产生相对转动而产生助力，该系统通过对转向控制阀的阀芯施加随车速变化的反作用力，使得转向操纵力矩必须克服施加在阀芯上由于反作用力引起的转动阻力矩。反力系统原理如图 6-5 所示。

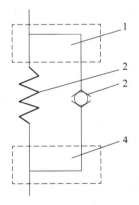

1—阀芯；2—扭杆；3—反力机构；4—阀套。

图 6-5　反力系统原理

反力控制式电控液压助力转向系统主要由转向控制阀、分流阀、分流小孔、电磁阀、车速传感器、电子控制单元、转向动力缸、转向油泵、储油箱及 ECU 等组成。

1) 转向控制阀

反力式转向控制阀在传统的整体旋转阀式动力转向控制阀的基础上增设了油压反力室，旋转阀杆用销与扭杆上端连接，小齿轮轴和控制阀体用销连接扭杆下端。转向时，转向盘上的转向力通过扭杆传递到小齿轮轴上，带动小齿轮转动，使与小齿轮啮合的齿条移动，从而实现转向。当转向力增加，扭杆扭转变形的过程中会发生相对旋转，从而旋转阀杆和控制阀体，以改变油路通道和关闭阀体和阀杆之间的关系和工作油的流动方向，从而实现液压助力转向。

2) 分流阀

分流阀的结构主要由弹簧、进油口和出油口组成。分流循环的目的是将油液从转向泵分流到旋转阀、油压反力室和电磁阀。另外，旋转阀内的油压又可以调节流向电磁阀和油压反力室中液压油的流量。当转向盘转动时，旋转阀内的油压增大，分配给电磁阀和油压反力室的液压油流量增大。当旋转阀内的油压达到一定值时，旋转阀内的油压不再上升，分配给电磁阀和油压反力室的液体流量保持不变。

3) 分流小孔

分流小孔的作用是把供给转向控制阀的一部分流量分配到油压反力室一侧。

4) 电磁阀

电磁阀的作用是根据需要将油压反力室一侧的油液送回储油箱。电子控制单元根据车速的高低控制电磁阀油路的阻尼面积，开口面积随电磁线圈通电电流占空比而变化，进而控制油压反力室一侧的液压油压力大小。

5) 车速传感器

车速传感器的主要功能是检测汽车行驶速度，通常安装在变速器输出轴上。

6) 电子控制单元

电子控制单元的作用是根据车速传感器输入信号来控制电磁阀的电流，实现相应的控制功能。车速提高时，为了增大转向操纵力，需要加大电磁阀的电流；而当车速超过 120 km/h 时，为防止电流过大而造成过载，电子控制单元则使通往电磁阀的通电电流保持恒定。

当车辆静止或速度较低时，电子控制单元发出信号使电磁线圈的电流增大，电磁阀开口面积增大，经分流阀分流的液压油和小孔分流的液压油通过电磁阀开口重新回流到储油箱中，使储油箱油量增加，作用于柱塞的背压（油压反力室压力）降低，导致柱塞推动控制阀转阀阀杆的反力减小，因此只需要较小的转向力就可使扭杆扭转变形，使转阀阀杆和控制阀体发生相对转动从而实现转向助力作用。

当车辆在中高速区域转向时，电子控制单元发出信号使电磁线圈的电流减小，电磁阀开口面积减小，经分流阀分流的液压油和小孔分流的液压油通过电磁阀开口重新回流到储油箱中的油量减少，油压反力室的油压升高，作用于柱塞的背压增大，于是柱塞推动转阀阀杆的反力增大，此时需要较大的转向力才能使转阀阀杆和控制阀体之间做相对转动，从而实现转向助力作用，使驾驶员获得良好的转向手感和转向特性。

3. 阀灵敏度控制式

阀灵敏度控制式是根据车速控制电磁阀，直接改变动力转向控制阀的油压增益（阀灵敏度）来控制系统油压，进而控制转向助力的大小。这种转向系统由于具有较大的选择转向力的自由度，因此可以获得自然的转向手感和良好的转向特性，除此之外，这种转向系统结构简单、部件少、价格便宜。

阀灵敏度控制式与反力控制式转向相比，转向刚性差，但可以通过最大限度提高原来的弹性刚度来加以克服，从而获得自然的转向感和良好的转向特性。阀灵敏度控制式动力转向系统对转向控制阀的转子阀做了局部改进，并增加了电磁阀、车速传感器和电子控制单元等。

6.1.3 电动液压助力转向系统

电动液压助力转向系统（Electronic Hydrostatic Power Steering，EHPS）在液压助力转向系统的基础上，增加了电动液压油泵、车速传感器、转向盘转角传感器和电子控制单元等装置，同时为了减少发动机动力消耗、节省能源、提高燃油经济性，采用电动液压油泵代替发电机带动液压油泵。现代化先进的电动泵把齿轮泵或叶片泵、电子控制单元（ECU）、直流电机和储油箱相结合，形成一体化电动泵，使EHPS系统整体结构更加紧凑，质量减轻，安装灵活性也有显著提高，有利于整车布置。

1. 电动液压助力转向系统组成

电动液压助力转向系统结构简图如图6-6所示，可分为四个部分：

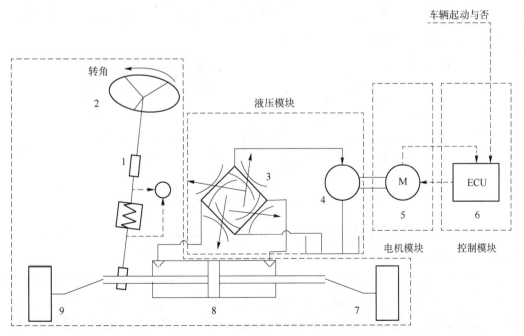

1—角速度传感器；2—转向盘；3—转阀；4—液压泵；5—电机；6—控制单元；7，9—车轮；8—液压缸。

图6-6 电动液压助力转向系统结构简图

（1）机械部分：转向盘、转向柱、齿轮齿条转向器（或循环球式转向器）和转向执行机构等。

（2）液压部分：转阀、液压泵；转阀通过改变流向转向缸左右室的液压油的流通面积，进而改变活塞两端液压油的流量，最终产生压力差得到转向助力。可以把转阀看成一个四通中心阀，液压油同时流入四个转阀入口。当汽车转向时，驾驶员转动转向盘带动转向轴转动，转向轴使扭杆变形；扭杆变形使阀芯相对于阀体转动一定角度，改变流通面积。综上所述，转阀是电动液压助力系统中一个非常重要的部件。

（3）电机部分：电机对于电动液压助力系统而言尤为重要。电动液压助力系统与传统液压助力系统最大的区别就是电机代替发动机驱动油泵，并采用电子控制单元根据车速信号及转向盘角速度信号等控制电机转速，便可控制油泵输出高压油的压力及流量，从而达到控制助力大小的目的。

（4）控制部分：电子控制单元 ECU、车速传感器和角速度传感器。

2. 电动液压助力转向系统工作原理

电动液压助力转向系统工作原理如图 6-7 所示，当汽车直线行驶时，转向盘几乎无转动，电动液压油泵维持较低的转速运转，液压油通过控制阀流回储油箱；当汽车转向时，ECU 通过收集车速、转向盘角速度信号、电机转速信号和发动机信号等各种信号，同时依据内置算法判断转向状态，向驱动单元发出控制指令并通过比例积分微分控制器（Proportional Integral Derivative controller，PID）调节电机达到合适的转速，从而驱动电动液压油泵产生对应流量和压力的高压油。高压油经转阀进入齿轮齿条转向器上的液压缸，导致转向助力缸左右两侧产生压力差，从而推动活塞移动以产生助力，辅助驾驶员转向，另一侧液压缸的低压油流入储油箱。

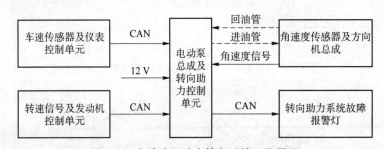

图 6-7 电动液压助力转向系统工作原理

该系统中液压常流式转阀上分别有 4 个互相连通的进油孔 A、与油泵相通的 B 孔、与转向缸右室相连的 R 孔和与转向缸左室相连的 L 孔。

（1）当汽车处于直线行驶状态时，转阀阀芯处于中心位置，阀芯与阀体未发生相对转动。液压油泵产生的液压油由阀体上的 A 孔进入转阀阀体和阀芯之间的环形油道中，此时其中一部分液压油通过转阀阀体上的 R 孔和 L 孔流入转向缸的右室与左室，另一部分液压油则通过阀芯上的孔流至阀芯和扭杆之间的环形空隙 B 最后流回液压储油箱。

转阀阀芯处于中心位置时，由于液压油进入转阀阀体和阀芯之间的环形油道进而流入 R 孔和 L 孔的流通面积一样，因此进入转向缸右室和转向缸左室的液压油的流量相等，导致转向缸右室和转向缸左室的油压一致,活塞处于力平衡状态,不提供转向助力。直线行驶时转阀结构如图6-8所示。

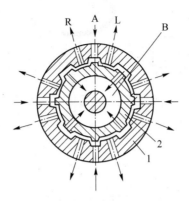

R—通入转向缸的右室;L—通入转向缸的左室;B—与油泵相通;A—通油箱;
1—阀体;2—阀芯。

图6-8 直线行驶时转阀结构

(2)当驾驶员转向时,施加在转向盘上的力矩带动转向轴转动,然后力矩传至扭杆。扭杆发生变形,带动转阀阀芯转动一定角度。由于转阀阀芯与阀体发生了相对转动,阀芯不再处于中位,因此流入R孔和L孔的液压油流量不一样,导致转向缸左室与右室之间形成压力差,推动活塞产生转向助力。左转行驶时转阀结构如图6-9所示。

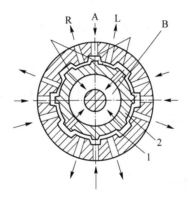

R—通入转向缸的右室;L—通入转向缸的左室;B—与油泵相通;A—通油箱;
1—阀体;2—阀芯。

图6-9 左转行驶时转阀结构

6.1.4 电动助力转向系统

电动助力转向系统(Electric Power Steering,EPS)相较于传统的液压助力转向系统具有节省空间、容易集成以及成本低等特点,因此现代汽车正逐步以EPS取代传统液压助力转向系统。

1. 电动助力转向系统组成

EPS系统主要包括机械转向装置、转矩传感器、减速机构、离合器、电机、电控单元

（ECU）和速度传感器。EPS系统结构简图如图6-10所示。

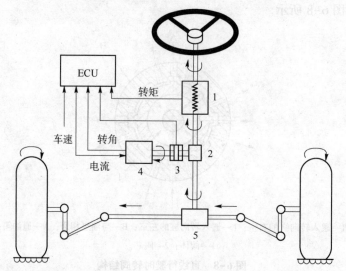

1—转矩传感器；2—减速机构；3—离合器；4—电机；5—齿轮齿条式转向器。

图6-10 EPS系统结构简图

1) 转矩传感器

转矩传感器的作用是测量驾驶员作用在转向盘上力矩的大小与方向，有的转矩传感器还能够测量转向盘转角的大小和方向。

转矩传感器有接触式与非接触式两种。接触式转矩传感器在转向轴与转向小齿轮之间安装了一个扭杆，当转向系统工作时，利用滑环和电位计测量扭杆的变形量并转换为电压信号，通过信号输出端将信号输出并转换得到所产生的转矩。

非接触式转矩传感器中有两对磁极环，当输入轴与输出轴之间发生相对转动时，由于磁极环之间的空气间隙发生变化，导致电磁感应系数的变化，并在线圈中产生感应电压，最后将电压信号转换为转矩信号。

2) 电机

电机的作用是为EPS系统提供动力，并根据电控单元发出的信号输出适当的辅助力矩。目前使用较多的是永磁直流电动机，分为电刷和无刷两种。

3) 减速机构

其作用是减速增矩，并确保EPS系统仅在设定的驱动速度内起作用。当转速达到极限值时，离合器分离使电机停止工作，电动转向系统变为手动转向系统。此时，系统不再受电机部件惯性力的影响。此外，当电机故障时，离合器会自动分离。常用的减速机构有蜗轮蜗杆机构、滚珠丝杠螺母机构和行星齿轮机构。

4) 电子控制单元

电子控制单元（ECU）的功能是基于转矩传感器和转速传感器的信号，经逻辑分析和计算发出指令，从而控制电机和离合器的动作。此外，ECU通过采集电机电流、发电机电压、发动机工况等信号，判断系统是否正常工作。如果系统出现异常，则自动取消升压功能，同时进行故障诊断分析。

2. 电动助力转向系统工作原理

EPS 采用直流电机作为动力源，转矩传感器通过扭杆连接到转向轴的中部。当转向时，转向轴旋转带动扭杆转动并产生变形，随后转矩传感器将转向轴与扭杆的相对角度转化为电信号并送到 ECU，ECU 根据速度传感器和转矩传感器信号控制电机转矩的大小和方向。在电磁离合器的作用下，电机的转矩通过减速机构增加转矩后，再输出到汽车的转向机构中，从而得到适合工况的转向力。

3. 电动助力转向系统的类型

根据电机布置位置不同，EPS 系统可以分为以下 3 种类型：转向轴助力式、齿轮助力式和齿条助力式。

1) 转向轴助力式

转向轴助力式 EPS 系统的电机固定在转向轴一侧，并装有一个电磁控制的离合器，通过减速机构与转向轴相连，直接驱动转向轴助力转向。转向轴助力式 EPS 系统的组成如图 6-11 所示。

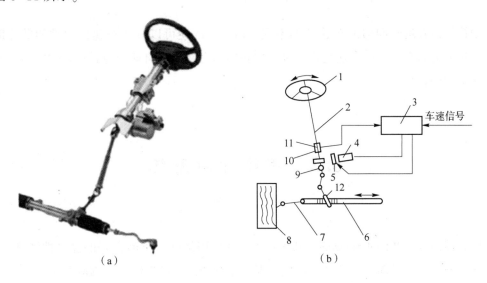

1—转向盘；2—输入轴（转向轴）；3—电子控制器；4—助力电机；5—电磁离合器；6—转向齿条；
7—横拉杆；8—轮胎；9—输出轴；10—扭杆；11—转矩传感器；12—转向齿轮。

图 6-11 转向轴助力式 EPS 系统的组成

(a) 实物图；(b) 转向图

2) 齿轮助力式

齿轮助力式 EPS 系统的电机和减速机构与小齿轮相连，直接驱动齿轮助力转向。齿轮助力式 EPS 系统的转速传感器、电机和减速机构及离合器集成在一起，电机直接通过减速机构驱动齿轮轴进行助力。齿轮助力式 EPS 结构如图 6-12 所示。

3) 齿条助力式

齿条助力式 EPS 系统的助力电机安装在齿轮齿条转向器上，助力力矩则是直接加在齿条上。齿条助力式 EPS 系统的转矩传感器单独安装在转向小齿轮附近，而电机和减速机构集成在一起安装在小齿轮另一面的齿条上，电机的动力直接作用到齿条上。齿条助力式 EPS 结构如图 6-13 所示。

图 6-12　齿轮助力式 EPS 结构

图 6-13　齿条助力式 EPS 结构

根据提供辅助转向力的车速范围不同，EPS 系统还可以分为全速助力型和低速助力型。齿条助力式在所有的车速范围内都提供转向助力，而转向轴助力式和齿轮助力式则只在低速范围内提供助力。

6.2　四轮转向系统

四轮转向（4-Wheel Steering，4WS）系统的作用是确保车辆良好的操纵性和稳定性，即有效控制车辆的横向运动特性，以充分保证车辆的操纵稳定性。当驾驶员给前轮一个角阶跃输入时，依据车速大小和前轮转角给后轮也施加一个转角，使后轮能根据前轮转角实时或适时转向。四轮转向系统前轮和后轮都具有一定的转向功能，后轮除了可以实现与前轮同方向转向，还可以在车速较低时与前轮反方向转向。

6.2.1　概述

1. 四轮转向系统控制原理

四轮转向系统按控制方式分为车速感应式和转角感应式。

（1）车速感应式：当车速达到事先设计的程序规定的某一预定值时（通常为 35～40 km/h），后轮可以与前轮同方向偏转，当低于某一预定值时，则可以与前轮反方向偏转。车速感应式四轮转向系统的主要特点是通过车速高低控制后轮偏转的方向和转角大小，在转向过程中，同时还受前轮转角、侧向加速度、横摆角速度等动态参数的综合控制，这种4WS系统综合考虑了汽车的各种动态参数对汽车转向行驶过程中操纵稳定性的影响。

（2）转角感应式：主要特点是后轮偏转受前轮偏转控制，做被动转向，即通过转向盘转动的方向和转角大小来控制后轮偏转方向和转角大小。这种4WS系统存在一定的系统结构和动态控制的局限性，尤其在高速急转弯时，使汽车的操纵稳定性恶化，在现代的4WS系统中已很少采用。

总的来说，首先控制器通过轮速传感器、转向盘转矩传感器和横摆角速度传感器获取当前速度信号、转向盘转角信号，随后ECU接收这些信号，并根据汽车的运行情况和已有的控制逻辑得出后轮转角大小，发送一个响应信号给后轮控制单元，最后后轮转向机构执行此响应，从而完成转向。该系统的核心就是控制单元实时分析汽车的运行行驶情况，以实现最优的操稳性为目标，对后轮转角进行实时或适时控制。四轮转向系统控制原理如图6-14所示。

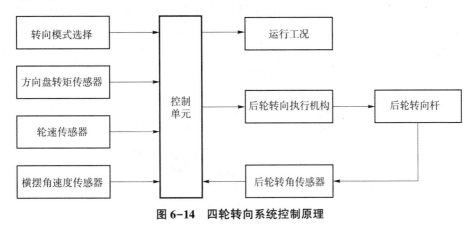

图6-14 四轮转向系统控制原理

2. 四轮转向系统的后轮转向方式

（1）同相位转向：后轮的偏转方向与前轮的偏转方向相同，车尾与车头同向运动，实现车身在紧急转向及躲避障碍时保持极高的稳定性。

（2）零相位转向：此时后轮不执行转向响应，即普通的前轮转向。

（3）反相位转向：后轮的偏转方向与前轮的偏转方向相反。这样控制的原则主要是为了实现减小低速行驶的转弯半径，提高高速行驶的转向稳定性以及四轮转向的可靠性。

四轮转向系统的后轮转向方式如图6-15所示。

当汽车在变道或规避障碍物时出现急转向时，如果给后轮一个与前轮相同方向的转动，就可以极大程度地减小车身横摆，增强车辆的循迹性；除此之外，还可以避免在高速行驶突然转向而造成车辆甩尾、侧翻等危险，很大程度地保持车身稳定性，是一种很有效的主动安全控制方式。因此，当车速比较高时，四轮转向方式以同相位转向为主。

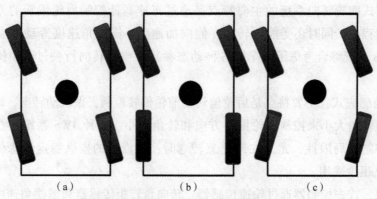

图 6-15 四轮转向系统的后轮转向方式

(a) 同相位转向；(b) 零相位转向；(c) 反相位转向

6.2.1 机械式四轮转向系统

机械式四轮转向系统结构如图 6-16 所示，由后轮转向取力齿轮箱、转向盘、后轮转向传动轴、后轮转向器四部分构成。后轮转向也是绕转向节主销偏转，其结构与前轮相似。

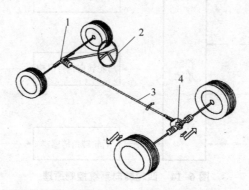

1—后轮转向取力齿轮箱；2—转向盘；3—后轮转向传动轴；4—后轮转向器。

图 6-16 机械式四轮转向系统结构

1. 后轮转向取力齿轮箱

后轮转向取力齿轮箱结构如图 6-17 所示，后轮转向取力齿轮箱中只有一对齿条与前轮转向器中的齿条共用的齿轮-齿条传动机构，取力齿轮固定在与后轮转向传动轴相连的齿轮轴上，齿轮轴通过衬套支撑在齿轮箱壳的轴承孔中，后轮转向取力齿轮箱固定在车架上。

后轮转向取力齿轮箱的工作原理：当转动转向盘使前轮转向时，前轮转向器中转向齿条带动后轮转向取力齿轮箱中的齿条左、右移动，驱动与其啮合的取力齿轮旋转，并带动后轮转向传动轴旋转，转向盘的转向操纵力的方向、大小、快慢由后轮转向传动轴传给后轮转向器。

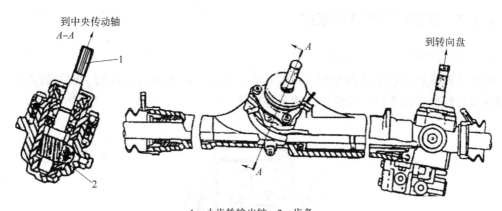

1—小齿轮输出轴；2—齿条。

图 6-17 后轮转向取力齿轮箱结构

2. 后轮转向器

后轮转向器结构如图 6-18 所示，主要由偏心轴、内齿圈、行星齿轮、滑块、导向块、转向横拉杆和后轮转向器壳等组成。

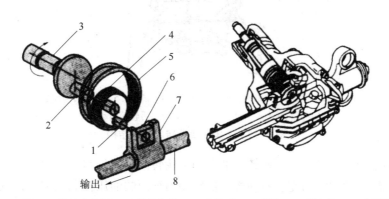

1，2—销；3—输入偏心轴；4—行星齿轮；5—内齿圈；6—滑块；7—导向块；8—行程杆。

图 6-18 后轮转向器结构

后轮转向器的作用是利用后轮转向传动轴传来的转向操纵力驱动后轮偏转并实现后轮转向。除此之外，还要控制后轮在转向盘不同转角的情况下，相对于前轮做同向或异向偏转。

通过后轮转向传动轴输入的转向操纵力驱动偏心轴转动，带动行星齿轮公转，同时行星齿轮还自转，使偏置在行星齿轮上的偏心销穿过滑块的中心孔并带动滑块运动，滑块的水平运动通过导向块传给转向横拉杆，驱动后轮做转向运动。

当转向盘转角很大时（行驶速度很低，处于急转弯状态），由于后轮相对于前轮反向偏转，降低了汽车转向半径，使转向机动性能提高。当转向盘转角很小时（高速调整行车方向或移线行驶），由于后轮与前轮同向偏转，提高了汽车高速行驶的操纵稳定性。

6.2.3 液压式四轮转向系统

1. 液压式四轮转向系统组成

液压式四轮转向系统结构如图 6-19 所示，主要由前轮动力转向器、前轮转向油泵、控制阀及后轮转向动力缸、后轮转向油泵等组成。

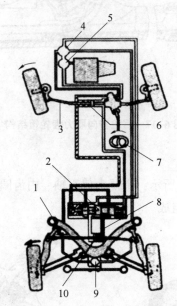

1—后转向臂；2—控制阀；3—前转向臂；4—油箱；5—前轮转向油泵；
6—前轮转向动力缸；7—转向盘；8—后轮转向动力缸。

图 6-19 液压式四轮转向系统结构

后轮转向系统由控制阀、后轮转向油泵和后轮转向动力缸组成，控制阀的左、右油腔分别连接前轮转向动力缸的左、右油腔，前轮动力缸内的油压控制阀芯的位置。后轮转向油泵的出油量取决于车速，由后轴差速器驱动。前轮为齿轮齿条式动力转向器，其结构与普通液压动力转向系统相同。

2. 液压式四轮转向系统工作原理

前轮动力缸左右腔压力差以及转向盘操纵力大小控制阀芯的移动量。当向左转动转向盘时，前轮动力缸工作使后转向控制阀阀芯右移，导致后轮转向动力缸活塞左移，后轮与前轮同向偏转。当向右转动转向盘时，情况则与上述相反，后轮与前轮仍同向偏转。后轮转向油泵送油量与车速成正比，高速时送油量大，反应快，后轮转角也大；在低速或倒车时，控制阀阀芯不产生作用。除此之外，当油压系统发生故障时，控制阀柱塞会保持在中间位置，保持两轮转向。

6.2.4 电子控制式四轮转向系统

1. 电子控制式四轮转向系统组成

电子控制式四轮转向系统如图 6-20 所示，主要由车速传感器、前轮动力转向系统、动力泵、后轮转向传动轴、后轮转向系统控制器及动力缸、进行信息处理和发出控制指令的 ECU 等组成。在后轮转向系统控制器内还装有受 ECU 信号驱动的、使后轮相位做相应变化的相位控制机构。

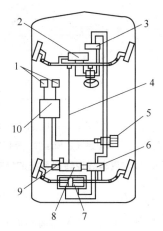

1—车速传感器；2，7—动力缸；3—动力泵；4—后轮转向传动轴；5—电磁阀；
6—控制阀；8—后轮转向系统控制器；9—步进电动机；10—ECU。

图 6-20　电子控制式四轮转向系统

2. 电子控制式四轮转向系统工作原理

首先，四轮转向控制单元 ECU 通过接收来自车速传感器的信号，把对应于车速的信号传送到后轮转向系统控制器的步进电动机使控制叉转动，同时后转向传动轴转动带动后轮转向系统控制器的锥齿轮旋转，使控制叉的传动与锥齿轮旋转在相位控制机构内叠加，以决定控制阀杆的行程方向和行程。最后，控制阀内油路被切换使动力杆控制后轮转向。

6.3　线控转向系统

传统的转向系统由于转向盘与转向轮之间存在硬的机械连接，因此很难满足转向系统传动比随着车速和转向盘转角的变化而变化；除此之外，转向盘的硬连接也使得车辆发生正面碰撞时，容易对驾驶员造成伤害。液压助力系统在传统转向系统的基础上做了一定的改进，但由于需要维持一定的油压，因此油泵需要持续运转，增加了发动机负荷，不利于节省燃油。线控电动转向系统取消了转向盘与转向轮之间的硬机械连接，转向轮的动作完全由电机控制，只有当系统出现故障时，转向盘与转向轮之间恢复机械连接。

1. 线控转向系统的组成

汽车线控转向系统的结构如图 6-21 所示，主要由转向盘模块、前轮转向模块、主控制器（ECUD）及自动防故障系统组成。

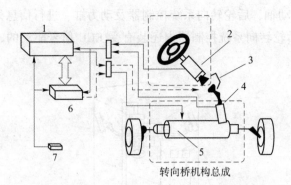

1—基本控制器；2—回正力矩马达；3—故障离合器；4—齿轮齿条转向器；5—转向执行马达；
6—故障处理控制器；7—汽车速度、加速度、横摆角速度传感器。

图 6-21　汽车线控转向系统的结构

(1) 转向盘模块：包括转向盘组件、转向盘转角传感器、力矩传感器、转向盘回正力矩马达。转向盘模块的作用是将驾驶员的转向意图通过转向盘转角传感器转换为数字信号并传递给主控制器，同时转向盘回正力矩马达接收主控制器发送的控制信号，产生转向盘回正力矩，以提供给驾驶员相应的路感信息。

(2) 前轮转向模块：包括前轮转角传感器、转向执行电机、电机控制器和前轮转向组件等，其功能是将测得的前轮转角信号反馈给主控制器，并接收主控制器的命令，控制转向盘完成所要求的前轮转角，实现驾驶员的转向意图。

(3) 主控制器：分析处理采集的信号，并判别汽车的运动状态，向转向盘回正力矩马达和转向电机发送命令，控制两个电机协调工作；除此之外，主控制器还可以判定在当前状态下驾驶员的转向操作是否合理，当汽车处于非稳定状态或驾驶员发出误指令时，主控制器对驾驶员的操作指令进行识别，前轮线控转向系统将自动进行稳定控制，并将驾驶员转向的错误操作显示到汽车屏幕上，以合理的方式自动驾驶车辆，使汽车尽快恢复到稳定状态。

(4) 自动防故障系统：线控转向系统的重要模块，包括一系列的监控和实施算法，针对不同的故障形式和故障等级做出相应的处理，以求最大限度地保持汽车的正常行驶。

(5) 电源：主要作用是为控制器、两个执行电机以及其他车用电器提供能源，其中仅前轮转角执行电机的最大功率就有 500~800 W，加上汽车上的其他电子设备，电源的负担已经相当沉重，所以要保证电网在大负荷下稳定工作，电源的性能就显得十分重要。

2. 线控转向系统工作原理

线控转向系统工作原理如图 6-22 所示。正常行驶时，控制器通过接收驾驶员对转向盘的转向信息和车辆速度、加速度以及车身横摆角速度信号，并根据控制算法使转向执行电机控制前轮的转向角度和速度，同时为了使驾驶员获得真实的路感，将路面对车轮的反作用力通过转向柱上的回正力矩马达反馈给驾驶员。转向柱与前轮转向执行机构之间依通过离合器连接，车辆正常行驶时，离合器断开；当转向执行机构出现故障时，离合器接合，使驾驶员控制转向盘通过齿轮齿条转向器控制前轮的转向，恢复对转向轮的控制。

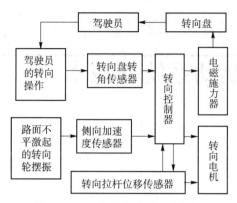

图 6-22　线控转向系统工作原理

第7章 制动系统新技术

7.1 制动辅助系统

目前，制动辅助系统可分为电子式、机械式以及液压式。制动辅助系统（Brake Assistant System，BAS 或 BA）与防抱死制动系统（Anti-lock Braking System，ABS）协调工作时可以提高汽车的制动效能。BAS 可以实时监控制动踏板的运动，一旦监测到踩踏制动踏板的速度迅速增加并且驾驶员仍然继续用力踩踏制动踏板时，BAS 就会释放出液压储存的最大的制动力；若驾驶员松开制动踏板，BAS 就转入待机模式。由于 BAS 提前施加了最大的制动力，因此可显著缩短制动距离。图7-1 所示为 BAS 的功用示意图。

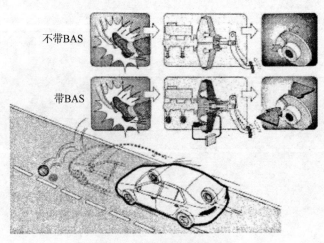

图7-1 BAS 的功用示意图

7.1.1 电子式制动辅助系统

电子式制动辅助系统（Electronic Brake Assistant，EBA）的原理是利用传感器感应驾驶员对制动踏板的力度与速度大小，通过计算机判断驾驶员的制动意图。如果属于非常紧急的制动，此时制动系统接收到 EBA 的指令产生更高的油压使 ABS 发挥作用，从而快速产生制动力，缩短制动距离；而对于正常情况制动，EBA 则会通过判断不予起动 ABS。因此，EBA 可以有效防止意外"追尾"事故的发生。

1. 电子式制动辅助系统的组成

EBA 结构组成示意图如图 7-2 所示，主要由前轮速度传感器、轮速传感器、制动液压调节装置、点火开关以及 ABS 电控单元组成。

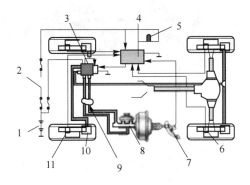

1—蓄电池；2—点火开关；3—制动液压调节装置；4—ABS 电控单元；5—ABS 警告灯；6—轮速传感器；
7—停车开关；8—制动主缸；9—比例分配阀；10—制动轮缸；11—前轮速度传感器。

图 7-2 EBA 结构组成示意图

2. 电子式制动辅助系统的工作原理

EBA 需要解决两个问题：

（1）大多数驾驶员在遇到紧急情况时能够迅速踩踏制动踏板，但达不到强劲有力。

（2）在最初碰撞平息时，驾驶员会过早地放松制动踏板。EBA 将踩踏制动踏板的速度迅速增加并且将驾驶员仍然继续用力踩踏制动踏板的动作认定为紧急制动，并会释放出 ABS 蓄能器内储存的 18 MPa 的制动液压力（而在正常情况下常规制动只能使主缸制动液产生 2~8 MPa 的制动液压力），使之通过蓄能器在 ABS 泄压程序的工作通道进入主缸的两个工作腔，在几毫秒的时间内建立起最大的制动力。例如，当汽车在速度为 100 km/h 紧急制动时，EBA 会使制动距离缩短 45%，有效防止追尾"事故"的发生。当驾驶员释放制动踏板时，EBA 会进入待机模式。由于更早地施加了最大的制动力，所以 EBA 可提前制动，从而显著缩短制动距离，并有效防止在交通不顺畅的路况中"追尾"事故的发生。

7.1.2 机械式制动辅助系统

1. 机械式制动辅助系统的组成

机械式 EBA 的核心部件是真空助力器中的一个机械开关组，机械开关组主要由一个弹簧卡圈、一个阀活塞、一个带球和球套筒的球支架组成。真空助力器包括一个真空助力腔和一个真空腔。在未进行制动时，通过抽吸管路在两个空腔中形成真空；在进行制动时，大气压力进入助力器腔中，制动助力装置便开始工作。由此，在助力器腔和真空腔之间形成了一个压力差，使外部的大气压力对制动动作提供助力。机械开关组的结构如图7-3所示。

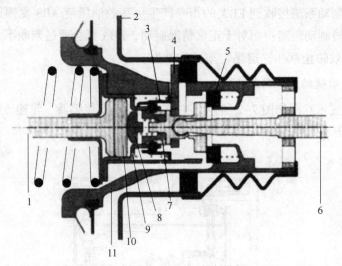

1—制动主缸的推杆；2—真空助力器壳体；3—弹簧卡圈；4—机械限位机构；5—外部空气阀；6—带阀活塞的推杆；7—球套筒；8—转换器盘；9—带球的球支架；10—反应盘；11—控制壳体

图7-3 机械开关组的结构

2. 机械式制动辅助系统的工作原理

由于制动过程中制动系统中的压力升高，因此制动踏板对驾驶员产生反作用力显著，而机械式EBA的工作原理是将制动踏板产生的反作用力传导到控制壳体上，由此可以减小对驾驶员体力的要求。通过联锁装置，外部空气阀将保持打开状态，并且使空气进入助力器腔中，当以一定的力和一定的速度踩下制动踏板时，开关组被锁定，EBA开始工作，在这种情况下，阀活塞发生异动，球支架中的球被向内推动，这样，卡圈便可以移动到它的限位处，开关组便被锁定。

当制动踏板被快速踩下时，制动辅助系统便产生作用。大部分的反作用力将通过开关组的锁定被传导到控制壳体上，此时驾驶员只需克服很小的力便能获得较强的制动力。

然而，如果制动踏板被踩下时的速度太慢，则制动辅助系统将不起作用，也就是说当驾驶员为了进一步增强制动而加力时，制动辅助系统由此产生的反作用力将通过制动踏板传递给驾驶员。机械式EBA的工作原理如图7-4所示。

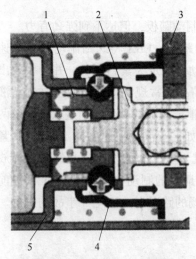

1—球套筒；2—阀活塞；3—极限位置；4—弹簧卡圈；5—球支架

图7-4 机械式EBA的工作原理

7.1.3 液压式制动辅助系统

1. 液压式制动辅助系统的组成

液压式制动辅助系统的组成如图 7-5 所示，主要由真空助力器、制动力传感器、转速传感器、制动信号灯开关、液压单元、控制单元、回油泵以及车轮制动轮缸组成。

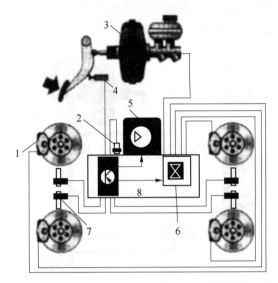

1—车轮制动轮缸；2—制动力传感器；3—真空助力器；4—制动信号灯开关；5—回油泵；
6—液压单元；7—转速传感器；8—控制单元。

图 7-5 液压式制动辅助系统的组成

制动辅助系统的核心部件是继承了 ABS 控制单元和回油泵的液压单元。制动辅助系统接收液压单元中制动力传感器、转速传感器和制动信号灯开关传送的信号，从而识别紧急制动情况。

2. 液压式制动辅助系统的工作原理

液压式制动辅助系统的工作原理是通过对液压单元中的特定阀门和 ABS/ESP 的回油泵的控制来升高车轮制动轮缸的压力，使车辆能较快进入 ABS 控制区域，从而降低制动距离。

首先，打开液压单元中的开关阀 N225，并且关闭高压开关阀 N227。这样，在回油泵中所建立的压力便可直接被传送到车轮制动轮缸中。

制动辅助系统开始工作后，可以将制动力尽快提高到最大值，用以防止车轮抱死的 ABS 则在车轮达到抱死极限时限制这一压力升高。

当 ABS 工作时，关闭开关阀 N225，打开高压开关阀 N227。回油泵的输送量将制动力保持在抱死阈值之下。

液压式制动辅助系统的工作原理如图 7-6 所示，如果驾驶员减小踏板力，则不存在激发条件。此时排除掉制动辅助系统由此判断出的紧急情况，并切换到第二阶段。这时，车轮制动轮缸将根据驾驶员的踏板压力来调节制动力。从第一阶段到第二阶段的过渡不是跳跃式的，而是一种令人舒适的过渡。这时，液压式制动辅助系统减少它在总制动力中所占的压力份额，以减小踏板力，当它的压力份额最终达到零时，便恢复到正常的制动功能；当所设定的值高于车辆行驶速度时，制动辅助系统也将停止它的制动作用。在上述两种情况下，将通过液压单元中相应阀门的控制来降低制动力，制动液将回流到蓄压器中，并由回油泵送回到制动液储液罐中。

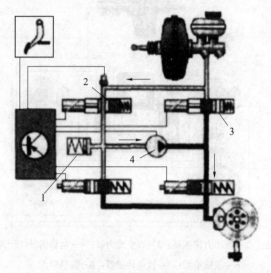

1—蓄压器；2—开关阀 N255；3—高压开关阀 N227；4—回油泵。
图 7-6 液压式制动辅助系统的工作原理

7.2 电控制动系统

传统的汽车制动系统管路长，阀类元件多。对于长轴距汽车、多轴汽车或汽车列车，气体传输路线长，速度慢，经常会产生制动滞后现象，从而增加了汽车的制动距离，降低了安全性，同时制动系统的成本也比较高。为了解决以上问题，汽车电子制动系统（Electronic Braking System，EBS）改用电线代替制动系统的阀类元件，用电控元件来控制制动力的大小和各轴制动力的分配。

电子制动系统主要分为两种：电子液压制动系统（Electro Hydraulic Brake System，EHB）和电子机械制动系统（Electro Mechanical Brake System，EMB），二者的比较如表 7-1 所示。

表 7-1 EHB 和 EMB 的比较

分类	EHB	EMB
共同点	取消制动主缸及真空助力等零部件，使制动系统结构变得更加简洁、紧凑	
	采用电子制动踏板代替传统制动踏板，易实现驾驶员制动意识识别，能提供良好的踏板感觉，ABS 起作用时无踏板抖动的感觉	
	使用非人力作为动力源，驱动制动器产生制动力矩，提高制动性能	
不同点	使用非人力作为动力源	使用电动机作为动力源，响应更快
	仍保留部分液压管路	完全取消液压管路，摒弃制动液，提高了制动响应，更加环保

7.2.1 电子液压制动系统 EHB

EHB 是基于传统的液压制动器发展而来的，但与传统的汽车制动系统有所差异，EHB 用一部分电子元件替代机械元件，是一个先进的机电一体化系统。传统制动系统制动主缸与制动轮缸通过制动管路相连，驾驶员通过踩踏制动踏板输入制动压力，而真空助力器作为辅助动力源也要受到发动机真空度的限制。因此这种结构系统主要限制了四方面：

（1）限制了制动压力的建立；
（2）限制各轮制动力的分配；
（3）限制了与其他系统的集成控制；
（4）限制了制动效果的提高。

因此，EHB 通过改变制动压力建立方式，从而使得踏板力不再影响制动力，弥补了传统制动系统设计和原理所导致的不足。

1. EHB 的组成

EHB 包括电子系统与液压系统，其结构如图 7-7 所示。EHB 主要由电子控制单元（ECU）、液压执行元件（阀类元件）、电子踏板及传感器组成。电子踏板主要由制动踏板、踏板传感器及角度位置传感器组成，踏板传感器用于检测踏板转角，并将转角信号转换为电信号输送给 EHB 的电控单元，按照踏板转角的比例对力进行调控。

1）制动踏板单元

制动踏板单元包括踏板感觉模拟器、踏板力传感器、踏板行程传感器以及制动踏板等。踏板感觉模拟器是 EHB 的重要组成部分，为驾驶员提供与传统制动系统相似的踏板感觉（踏板反力和踏板行程），从而使驾驶员能够按照自己的习惯和经验进

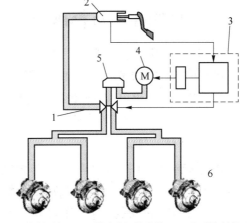

1—电液制动阀；2—制动踏板传感器；3—电子控制单元；
4—液压泵；5—蓄能器；6—液压制动器。

图 7-7 EHB 系统结构

行制动操作。踏板传感器用于监测驾驶员的操纵意图,大多数制动踏板单元采用踏板行程传感器,采用踏板力传感器的较少,也有二者同时应用的,以提供冗余传感器且可用于故障诊断。

2) 液压控制单元

液压控制单元(Hydraulic Control Unit,HCU)制动压力调节装置用于实现车轮增减压操作。HCU中一般包括以下几个部分:

(1) 独立于制动踏板的液压控制系统。该供能系统由电动机、泵和高压蓄能器等组成,经制动管路和方向控制阀与制动轮缸相连,从而控制制动液流入/流出制动轮缸,来实现制动压力控制。

(2) 人力驱动的应急制动系统。当伺服系统出现严重故障时,制动液由人力驱动的主缸进入制动轮缸,保证了汽车可以减速停车的最基本制动力。

(3) 平衡阀。同轴的两个制动轮缸之间设置有平衡阀,平衡阀一般处于断电状态,从而保证同轴两侧车轮制动力的平衡(对车轮进行独立制动控制的工况除外)。

3) 传感器

传感器包括轮速传感器、压力传感器和温度传感器,用于监测车轮运动状态、轮缸压力的反馈控制以及不同温度范围的修正控制等。

2. EHB的工作原理

EHB将电子踏板替代了传统制动系统中的制动踏板,从而感知驾驶员的制动意图,通过产生制动信号传递给电控单元和执行机构,并根据一定的算法进行模拟,然后将信息反馈给驾驶员,使驾驶员有足够的踏板感觉,制动踏板与制动器之间无直接的动力传递。在制动过程中,ECU和执行器控制车轮制动力,ECU根据轮速传感器以及接收到的其他各种信号进行分析计算出每个车轮的最大制动力,并向蓄能器发出执行各车轮制动的指令,在制动过程中,ECU还可以实现ABS、ASR等功能。高压蓄能器能快速而准确地提供轮缸所需要的制动力。为了保证在系统发生故障时也能安全停车,因此系统中设计有后备液压系统,以保证该控制系统失灵时仍有制动能力,确保行车安全。

7.2.2 电子机械制动EMB

EHB具有传统制动系统所没有的优势,但EHB仍采用电液控制方式,严格意义上说并不是纯粹的线控制动系统,与电子机械制动系统EMB相比,EHB具有更加成熟的技术,因而在短期内有很好的发展前景。但据相关研究调查表明,EHB作为传统制动系统与EMB的过渡产品,生命周期非常短,将在5~8年内被EMB取代。

1. EMB系统的组成

EMB系统组成如图7-8所示,与传统的液压、气压制动系统相比,采用了电子制动踏板,取消了液压或气压管路等部件,同时取消了真空助力装置。

EMB系统主要由安装在4个车轮上的独立的EMB执行器及相应EMB控制器、制动踏板模拟器、车辆行驶动力学调整系统(Vehicle Dynamic Control,VDC)等中心控制单元、电源系统以及轮速和横摆角速度等各种传感器组成。EMB执行器作为制动系统的执行机

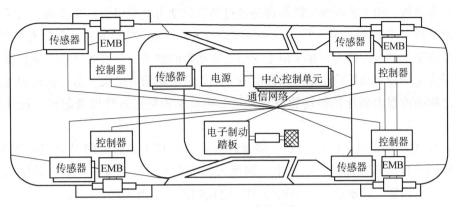

图 7-8　EMB 系统的组成

构,一般有电动机、传动装置和制动钳 3 个基本组成部分。

2. EMB 系统的工作原理

首先,踏板模拟器将信号传递给中心控制单元来感知驾驶员的意图,之后根据车速、轮速等多种传感器获取整个车辆的运行状态。综合处理各种信息后,将相应的目标制动压力信号分别发送给 4 个 EMB 控制器,EMB 控制器经过相应的控制算法后,输出电压信号给 EMB 执行器,控制器控制 4 个 EMB 执行器之中的电动机输出转矩,经减速装置减速增矩后由运动转换装置将旋转运动转换为直线运动,从而驱动制动钳夹紧、放松制动盘,实施对 4 个车轮独立进行制动。每个制动器对制动盘的实际夹紧力等信息再通过传感器反馈给中心控制单元,形成闭环控制,从而得到所需制动压力的大小。EMB 系统的工作原理如图 7-9 所示。

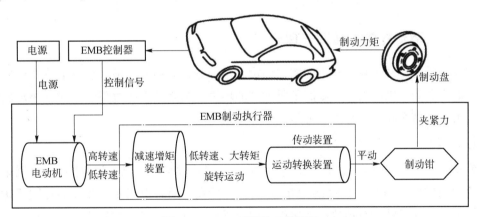

图 7-9　EMB 系统的工作原理

7.3　驱动防滑控制系统

汽车驱动轮加速滑移调节系统(Acceleration Slip Regulation System,ASR)通常称为

驱动轮防滑系统,由于驱动轮的防滑都是通过调节驱动力(牵引力)来实现,故又称为驱引力控制系统(Traction Force Control System,TCS)。ASR 的作用是在车轮开始滑移时,通过自动降低发动机的输出转矩来减小传递给驱动轮的驱动力,或通过增大滑转驱动轮的阻力来增大未滑转驱动轮的驱动力,使所有驱动轮的总驱动力增大,防止驱动力超过轮胎与路面之间的附着力而导致驱动轮滑转,从而提高车辆的通过性以及起步、加速时的安全性。

ASR 与 ABS 都是汽车的主动安全装置且二者密切相关,通常同时采用这两个系统。ABS 的作用是自动调节(增大或减小)制动力,防止车轮抱死滑移;ASR 的作用是维持附着条件,从而增大总驱动力。ASR 与 ABS 对比如表 7-2 所示。

表 7-2 ASR 与 ABS 对比

分类	ASR	ABS
功用	防止驱动轮在不停止的情况下移动到位,从而改善汽车的起步、加速和滑溜路面上行驶时的牵引,确保行驶稳定	防止车轮在制动过程中发生抱死和滑动,提高制动效果,保证制动器的安全
适用范围	仅控制驱动轮	作用于所有车轮,以控制其滑移率
工作条件	ASR 系统在整个驾驶过程中都能正常工作,在车轮发生滑转时起作用	在制动时控制车轮,车轮出现抱死时起控制作用,在车速低(小于 8 km/h)时不起作用

7.3.1 驱动轮防滑转调节理论

驱动力随着发动机输出转矩的增大而增大。但是,驱动力的最大值只能等于轮胎与路面之间的附着力,因此附着力限制了驱动力的增大。当驱动力超过附着力时,驱动轮将在路面上滑转,即车轮快速打滑,但是汽车却原地不动。

1. 滑转率

汽车车轮"打滑"分为两种情况:一是汽车制动时车轮抱死"滑移";二是汽车驱动时车轮"滑转"。防抱死制动系统 ABS 是防止车轮在制动时抱死而滑移,ASR 则是防止驱动轮原地不动地滑转。驱动轮的滑转程度用滑移率 S_d 表示,其表达式为

$$S_d = \frac{v_w - v}{v_w} \times 100\%$$

式中:v_w——车轮速度(车轮顺势圆周速度),$v_w = r \times \omega$,m/s;

r——车轮半径,m;

ω——车轮转动角速度,$\omega = 2\pi n$,rad/s;

v——车速(车轮中心纵向速度),m/s。

当 $v_w = v$ 时,滑转率 $S_d = 0$,车轮理想滚动,不打滑;

当 $v=0$ 时，$S_d=100\%$，车轮完全处于打滑状态；

当 $v_w>0$ 时，滑转率 $0<S_d<100\%$，车轮既滚动又滑转。滑转率越大，车轮滑转程度也就越大。

2. 滑转率与附着系数的关系

车轮滑移率、滑转率与纵向附着系数的关系如图 7-10 所示，车轮制动时的滑移率分布在坐标系的第一象限，车轮驱动时的滑转率分布在坐标系的第三象限。

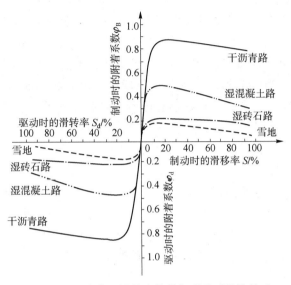

图 7-10 滑移率、滑转率与纵向附着系数的关系

由图 7-10 可知：

（1）路面性质的不同会导致附着系数发生大幅度的变化。

（2）在不同路面上，附着系数均随滑转率的变化而变化，当滑转率为 20% 左右时，附着系数在各种路面上均达到最大值；若滑转率继续增大，则附着系数逐渐减小。

ASR 的基本控制原理就是将滑转率控制在最佳滑转率范围（10%~30%）内，从而获得较大的附着系数，使路面提供的附着力得到充分利用。因此，装备 ASR 的汽车在起步、加速或冰雪路面上行驶时，驾驶员无须特别小心地踩下加速踏板，ASR 就能根据路面状况自适应调节驱动力，使驱动力达到最大值。

7.3.2 汽车 ASR 的控制方法

汽车 ASR 按控制方法主要分为三种：控制发动机的输出转矩、控制驱动轮的制动力以及控制防滑转差速器的锁止程度。这些控制方法的最终目的都是调节驱动轮上的驱动力，并将驱动轮的滑转率控制在最佳滑转率范围内。

1. 控制发动机的输出转矩

在装备电子控制燃油喷射系统的汽车上，普遍采用了控制发动机输出转矩的方法来实现防滑转调节。通过控制发动机的输出转矩来调节驱动轮的驱动力是实现防滑转调节的方法之一。这种控制方法能够保证发动机输出转矩与地面可提供的驱动转矩达到匹配，因此可以改善燃油经济性，减少轮胎磨损，使汽车具有良好的行驶稳定性和乘坐舒适性，对于前轮驱动汽车，能够得到良好的转向操纵性。控制发动机输出转矩的方法有控制点火时间、控制燃油供给量、控制节气门开度等。

1）控制点火时间

由内燃机原理可知，减小汽油发动机的点火提前角或切断个别气缸的点火电流，均可微量降低发动机的输出转矩。

现代汽车普遍采用电子点火系统，根据发动机转速、负荷以及冷却液温度等信号确定其点火时刻。在汽车行驶过程中，防滑转调节电子控制单元（ASRECU）根据轮速传感器和车速传感器信号即可计算确定驱动轮滑转率的大小，通过减小点火提前角，即可微量降低发动机的输出转矩。当驱动轮滑转率很大，延迟点火时刻不能达到控制滑转率的目的时，则可中断个别气缸点火来进一步减小滑转率。在中断个别气缸点火时，为了避免排放污染增加和三元催化转换器过热，在中止点火时必须中断燃油喷射；恢复点火时，点火时刻应缓慢提前，保证发动机输出转矩平稳增加。

2）控制燃油供给量

这种控制方法适用于未采用燃油喷射系统的汽油发动机或柴油发动机汽车。短时间中断供油可微量调节发动机的输出转矩，但响应速度没有减小点火提前角迅速。在采用电子加速踏板的汽车上，根据加速踏板行程大小，通过调节汽油发动机节气门开度或柴油发动机喷油泵拉杆位置来改变进气量或供油量，从而调节发动机的输出转矩。燃油供给量控制方法如图7-11所示。

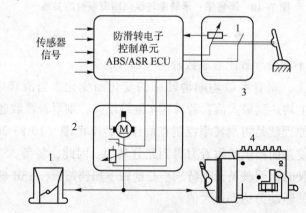

1—节气门；2—伺服电动机；3—电子加速踏板；4—汽（柴）油发动机。

图7-11 燃油供给量控制方法

当驾驶员操作加速踏板时，传感器将加速踏板的行程信号输入防滑转电子控制单元ASRECU，ASRECU根据预先存储的数据、发动机转速、冷却液温度及进气温度等信号确定伺服电动机（步进电动机）控制电压或电流的大小，再由伺服电动机调节节气门开度或喷油泵拉杆位置，通过调节进气量或供油量来调节发动机的输出转矩。

3）控制节气门开度

现代汽车普遍采用控制节气门开度的控制方式，控制节气门位置（开度）可以控制进入气缸的进气量,从而能够显著改变发动机的输出转矩。

在采用电控燃油喷射系统的汽车上,ASRECU 根据轮速传感器和车速传感器获取的信号计算并确定驱动轮滑转率的大小之后,通过控制节气门开度和燃油喷射量等来调节发动机的输出转矩。当驱动轮滑转率超出规定值范围时,ASRECU 便向执行器发出控制指令,以减小节气门的开度或缩短喷油器的喷射时间或中断个别喷油器喷油,从而迅速降低发动机输出转矩,防止驱动轮滑转。

2. 控制驱动轮的制动力

控制驱动轮的制动力实际上是利用差速器的差速作用(效能)来获得较大的驱动力,控制方法如图 7-12 所示。

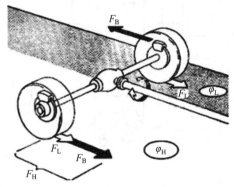

图 7-12 制动力控制方法

处于高附着系数 φ_H 路面上的右侧驱动轮能够产生的最大驱动力为 F_H,处于低附着系数 φ_L 路面上的左侧驱动轮能够产生的最大驱动力为 F_L。根据差速器转矩等量分配特性,此时汽车的驱动力只取决于 φ_L 路面上的驱动力 F_L,右侧驱动轮能够产生的驱动力 F_H 只能与左侧驱动轮能够产生的驱动力 F_L 相等($F_H = F_L$),即两只驱动轮能够获得的驱动力为 $F_{tL} = F_H + F_L = 2F_L$。为了阻止 φ_L 路面上行驶的左侧驱动轮发生滑转,对其施加一个制动力 F_B,通过差速器的驱动力等量分配作用,在右侧驱动轮上也会产生作用力 F_B($F_H = F_L + F_B$),此时两只驱动轮能够获得的驱动力为 $F_{tL} = F_H + F_L = 2F_L + F_B$,即当驱动力增大制动力 F_B 值时,发动机的输出转矩就可按增大后的驱动力进行调节。

使驱动轮保持最佳滑转率且响应速度较快的控制方法是对驱动轮施加制动力,此时车辆获得的总驱动力将大于第一种方法所能获得的总驱动力。一般作为仅采用控制节气门开度来调节发动机输出转矩的补充控制。在设计控制系统时,为了避免制动器过热,施加制动力的时间不能过长;此外,为了保证乘坐舒适性,制动力不能太大。因此,这种方法只限于短时间内低速行驶的车辆。

驱动轮制动力控制又称为电子差速锁(Electronic Differential Lock,EDL)控制。差速锁又称为差速限制器,是一种防止单侧驱动车轮高速滑转并且可以将左右车轮的转速差自动限制在某数值以下的装置。宝来轿车 EDL 检测驱动轮的转速是基于 ABS 的传感器来实现,根据左右驱动轮的转速差来进行控制。当车速达到 80 km/h 左右时,若一侧车轮的路面比较光滑（附着系数低），导致左右驱动轮之间产生的转速差约为 100 r/min 时，防抱死制动与电子差速锁电子控制单元（ABS/EDLECU）就会对打滑车轮施加制动力，利用差速原理将大部分驱动力传递给另一侧车轮，平衡两侧车轮的转速，从而增大两只驱动轮的总驱动力，最终达到汽车易于起步、加速和爬坡的目的。

3. 控制差速器的锁止程度

控制差速器的锁止程度必须采用防滑转差速器进行控制。防滑转差速器是一种由电子控制单元控制的可锁止差速器，其控制原理如图 7-13 所示。

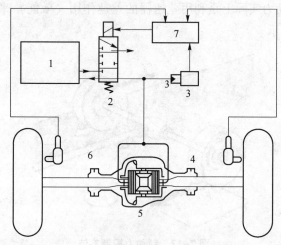

1—储压器；2—电磁阀；3—压力传感器；4—轮速传感器；5—防滑转差速器；6—轮速传感器；7—ASR ECU。

图 7-13 差速器控制锁止程度的控制原理

在防滑转差速器向车轮输出驱动力的输出端设置有一个离合器。调节作用在离合片上的油液压力，即可调节差速器的锁止程度。油压逐渐降低时，传递给驱动轮的驱动力随着差速器锁止程度的减小而逐渐减小；反之，油压升高时，驱动力将逐渐增大。油液压力来自储压器的高压油液，压力大小由防滑转调节系统的电子控制单元（ASRECU）通过控制电磁阀对压力"升高""保持""降低"等状态进行调节，并由压力传感器和驱动轮上的轮速传感器反馈给电子控制单元，从而实现反馈调节。通过调节防滑转差速器的锁止程度，即可调节传递给驱动轮的驱动力，因此汽车在各种附着系数不同的路面上起步和行驶时，都具有较好的稳定性和操纵性。对于越野汽车，则可大大提高越野通过性。

在实际装备 ASR 的汽车中，一般都将不同的控制方法组合在一起进行控制，这样做的目的是充分发挥电子控制系统的控制功能并有效地防止驱动轮滑转。常用的组合方式有：组合控制发动机的输出转矩和驱动轮的制动力、组合控制发动机的输出转矩和控制差速器的锁止程度。

7.3.3 ASR 系统的组成和工作原理

ASR 系统是在 ABS 系统基础上形成的，它与 ABS 系统具备同样的轮速传感器、液压驱动元件等，并扩展了 ECU 功能，增设了 ASR 制动执行器、节气门执行器、ASR 开关指示灯以及 ASR 诊断系统等。其主要组成及工作原理如图 7-14 所示。

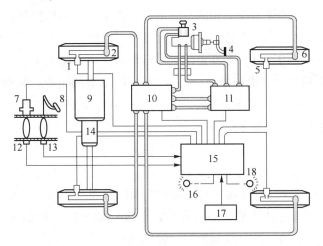

1—前轮速传感器；2—前轮制动器；3—液压元件；4—制动踏板；5—后轮速传感器；6—后轮制动器；
7—副节气门执行器；8—加速踏板；9—变速器；10—ABS 制动执行器；11—ASR 制动执行器；
12—副节气门位置传感器；13—主节气门位置传感器；14—发动机；15—ABS+ASR ECU；
16—ASR 警报灯；17—ASR 切断开关；18—ASR 工作指示灯。

图 7-14 ASR 系统示意图

1. ASR 的传感器

ASR 的传感器主要由轮速传感器和节气门位置传感器组成，一般轮速传感器与 ABS 共用，主要用来检测车轮速度，并将轮速信号发送给 ABS 和 ASR 的电控单元。主、副节气门开度传感器用于检测节气门的开启角度，并将这些信号传送给发动机和自动变速器的电控单元。

2. ASR 的 ECU

ECU 是 ASR 的核心，具有运算功能。根据前后轮速传感器传送的信号及发动机和自动变速器的电控单元中节气门开度信号来判断汽车的行驶条件，从而对副节气门执行器、制动执行器发出指令，执行器既可以完成对发动机供油系统或点火系统的控制，也可以对制动压力进行调整。

3. ASR 的执行器

ASR 的执行器主要是 ASR 制动执行器和副节气门执行器。根据从 ABS 和 ASR 电控单元传来的信号，ASR 制动执行器为 ABS 制动执行器提供液压；副节气门执行器根据 ASR 电控单元传来的信号，控制副节气门的开启角。

7.3.4 ASR 的工作原理

当汽车在行驶过程中车轮速度高于 10 km/h 时，ASR 便开始监测驱动轮的驱动特性，各轮速传感器将采集到的信号输送给 ECU，经 ECU 处理可以得到各驱动轮的速度和加速度。当车速小于逻辑门限速度（一般取 40~50 km/h）时，再进一步监测驱动轮的滑移率，如果监测到某一驱动轮发生过度滑转，则 ASR 制动系统将接收到 ECU 的指令制动滑转轮，并通过改变制动力的方式调整滑转轮的滑转情况，直至滑转率被控制在要求范围内，如果另一驱动轮也发生滑转，当其滑转率刚好超过逻辑门限值后，ECU 便会向节气门执行器发送指令，从而减小节气门开度，降低发动机输出转矩；当车速大于逻辑门限值时，若监测到驱动轮发生滑转，节气门执行器便会接收到 ECU 发出的指令，从而减小节气门开度，最终使汽车驱动轮始终处于最佳的滑转范围内。如果 ASR 的某个部件发生故障，ASR 自诊断系统将通过仪表盘上的指示灯指示。

防滑控制分为两部分：发动机控制和制动差速控制。它们的作用范围为，当一个驱动轮出现滑转（即车轮滑转率超过它们的逻辑门限值），且车速低于 40~50 km/h 时，采用制动控制；当车速大于 40~50 km/h 时，采用发动机控制。当两个驱动轮同时打滑时，则采用发动机控制，即通过调整节气门的开度以及发动机的输出转矩来达到防滑控制的目的。此外，在一些特殊路况两种控制要同时起作用。

7.3.5 汽车 ASR 的控制原则

汽车在不同行驶条件下对行驶性能各方面的要求也不同，因此，在不同的车速范围内对驱动车轮进行防滑转控制的原则也不同，从而满足一定条件下将重点性能作为主要控制目标的要求，对于其他性能则进行适度兼顾。汽车在不同车速范围内的控制目标不同，实施驱动车轮滑转控制的途径也就不同。

1. 汽车在起步及加速初期阶段

为了提高汽车的起步加速性能，即以充分利用各个驱动车轮的附着力从而获得最大牵引力为控制原则。在车速较低时，即使各驱动车轮所产生的牵引力不平衡，对汽车的行驶方向稳定性也不会产生太大的影响，因此在这一阶段对各驱动车轮的滑转率进行独立控制。此时，若各驱动车轮间的附着条件相差较大，可以利用电控悬架的主动调节，使附着条件较差的驱动车轮的载荷向附着条件较好的驱动车轮进行适度调配，提高驱动车轮总附着力；若汽车装有可控防滑差速器，在这一阶段应使其进入防滑差速状态，即使差速器不具备防滑差速功能，也可通过对附着条件差的驱动车轮施加适当的制动力矩，使其滑转率处于最大纵向附着系数的范围内。如果附着条件较好的驱动车轮也发生了滑转，则应通过适度减小发动机的输出转矩和变速器传动比来减小其驱动力矩，必要时也可以对其施加一定的制动力矩，以加快对滑转率的控制。

2. 汽车中速行驶

汽车中速行驶时，应当把驱动防滑控制作为主要控制目标，以确保汽车行驶方向的稳定性，同时也可保证汽车的加速性能。此时，对每个驱动轮施加相同的制动扭矩，使得附着条件差的驱动轮滑移率处于横向和纵向附着系数都大的范围内，确保驱动轮产生相同的牵引力。同时，每个驱动轮都具备很强的防滑能力，使车辆获得更好的方向稳定性。然而，为了避免由于长时间产生的大制动扭矩引起的过热和制动器的过度磨损，制动介入的时间必须得到控制。因此，必要时可以减小发动机的输出扭矩和变速器的传动比，从而减小作用在驱动轮上的驱动扭矩。此外,在这个阶段,通常不会装载电子控制的悬架,因为如果负载从具有附着条件差的驱动轮迎合具有附着条件良好的驱动轮,则驱动轮之间的牵引力将相差很大,从而影响汽车的方向稳定性;如果从具有良好附着条件的驱动轮调整到载荷状态差的驱动轮,则每个驱动轮的总牵引力将减小,从而影响汽车的加速性能。同样,防滑差速器在此阶段不应进入防滑状态。

3. 汽车高速行驶

汽车高速行驶时,驱动防滑控制的唯一控制目标是保证汽车行驶方向的稳定性。在驱动防滑旋转控制的过程中,每个驱动轮在正常情况下会产生相同的牵引力。为了防止制动器过热和过度磨损,该阶段不应该通过制动干预来控制驱动轮的滑动,而应该通过减小发动机的输出扭矩和变速器的传动比来调节作用在驱动轮上的驱动扭矩。将驱动轮的滑动率控制在横向黏附系数大的范围内的目的是确保汽车具有很强的防滑能力。在这个阶段,电子控制的悬架也可以加载驱动轮,从而可以将具有良好附着条件的驱动轮负载调节到具有差的黏附条件的驱动轮上,最终缩小驱动轮之间的附着力差异,有利于平衡每个驱动轮的牵引力。在此阶段,为了保证各驱动轮的牵引力接近平衡,使汽车获得良好的行驶方向稳定性,可控防滑差速器不应进入防滑差速状态。

7.4 电子制动力分配系统

汽车电子制动力分配(Electric Brake Force Distribution,EBD)系统是基于 ABS 系统开发的。EBD 能够根据汽车制动时产生轴荷转移的不同,来自动调节前、后轴的制动力分配比例,从而提高制动效能,并配合 ABS 提高制动稳定性。

7.4.1 制动力分配

汽车在制动时,四只轮胎附着的地面条件通常不一样。例如,左前轮和右后轮附着在干燥的水泥地面上,而右前轮和左后轮却附着在水中或泥水中,这种情况会导致在汽车制动时四只轮子与地面的摩擦力不一样,制动时容易造成打滑、倾斜甚至车辆侧翻事故。当汽车制动时汽车重心会发生移动,为了发挥最佳制动效果,各车轮需要根据载重有效地分配制动力。理想制动力分配为前后轮同时抱死的制动力分配。当车轮抱死滑移时,车轮与路面间的侧向附着力完全消失,如果只是前轮(转向轮)制动到抱死滑移而后轮还在滚动,汽车将失去转向能力;如果只是后轮制动到抱死滑移而前轮还在滚动,即使受到侧向干扰力,汽车也将产生侧滑(甩尾)现象。

为了避免上述现象的发生,需根据重心的移动自动分配每个车轮的制动力。在一些车型中采用机械式分配阀(Proportioning Value,P 阀)来完成这个作用,P 阀是为了在紧急制动时提高前后轮的制动均衡力,在发生高压时,减慢后轮制动油压上升速度。

1. 前后轮制动力分配

前后轮荷重不同,所需的制动力也不同。当后部无负荷时,适当增大前轮的制动力;当后部的负荷加大时,则需加大后轮的制动力,如图7-15所示。

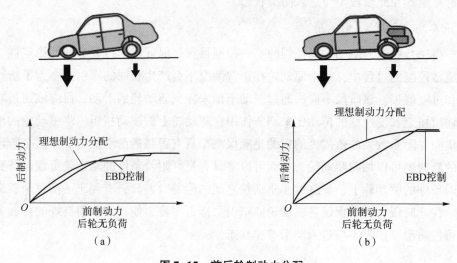

图7-15 前后轮制动力分配

(a) 后部无负荷;(b) 后部的负荷加大

2. 左右轮制动力分配

转弯时车辆重心外移,为减少外侧车轮的侧滑,制动时外侧车轮要施加较大的制动力,如图7-16所示。

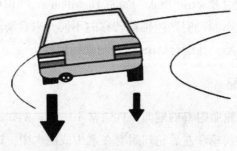

图7-16 左右轮制动力分配

7.4.2 EBD系统的作用

机械式分配阀在轻微制动时不起作用,因此不能实现理想的制动力分配。EBD系统的功能是计算汽车制动时由于不同附着条件引起的四个轮胎的摩擦值,然后根据设定的程序调整制动装置,使其在运动过程中得到快速调节。制动力和摩擦力(牵引力)的匹配确保了车辆的稳定性和安全性。

车辆EBD系统不仅可以分配汽车前后轮制动器的制动力,还可以根据汽车的行驶状况实时合理地将制动力分配给左右车轮，防止汽车跑偏，保证汽车的稳定性。

转弯制动时，以汽车向右转弯为例，由于载荷转移，使得汽车左前轮上的垂直载荷最大，而右后轮上的垂直载荷最小。因此，最先出现车轮抱死趋势的是汽车的右后轮。EBD系统会在车轮上施加制动力，该制动力与垂直载荷和附着系数相关，从而保证汽车各车轮制动力相对质心的偏转力矩始终小于地面提供的侧滑力矩。

汽车EBD系统辅助ABS系统完成最佳制动过程，其效果如图7-17所示。对于未安装ABS+EBD系统的汽车，在制动时，容易失去方向稳定性；对于安装ABS+EBD系统的汽车，在制动时，可根据汽车的运动学参数和制动强度，实时计算出理想的制动器制动力分配系数，合理地将制动力分配给每个车轮来实施制动，并控制每个车轮的滑移率，使其保持在最佳滑移率范围之内，保证后轮不先于前轮抱死。这样，每个车轮的制动力可以得到平衡，缩短制动距离并保持制动时的方向稳定性。

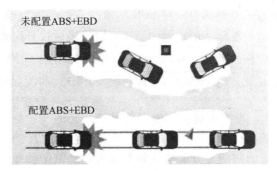

图7-17 汽车ABS+EBD制动效果

7.4.3 EBD系统的组成

汽车EBD系统与ABS系统的结构示意图如图7-18所示，都由车轮转速传感器、制动压力调节器和电子控制单元等组成，但EBD的控制逻辑和控制算法与ABS不同。在车轮转速传感器将车轮速度信息传递给电子控制单元时，EBD系统必须实现控制功能，还需要设置参考车速、滑移率和制动力分配系数的计算程序、电子控制单元的执行程序、制动力跟踪和调整程序等。当汽车制动时，EBD系统实时收集车轮速度、车轮阻力和车轮负载等信息，计算出最适合各个车轮的制动力并将其分配给每个车轮。在ABS系统工作之前，EBD系统根据车轮垂直载荷和路面附着系数分配制动力，充分利用路面附着系数，从而缩短制动距离，提高车辆的方向稳定性。类似地，当制动器被释放（加速）时，程序的应用恰好相反。

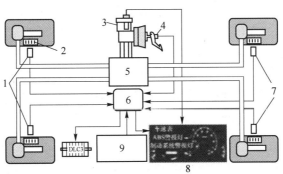

1, 7—车轮转速传感器；2—磁性转子；3—制动液位警告开关；4—制动灯开关；5—制动执行器；
6—防滑控制ECU；8—仪表；9—减速传感器。

图7-18 ABS和EBD系统结构示意图

7.4.4 EBD 系统的工作原理

电子制动力分配系统（EBD）功能在车轮部分制动时就起作用，EBD 的作用在汽车转弯时表现尤为突出。首先，由速度传感器将四个车轮的转速信号输送到电子控制单元；然后，电子控制单元根据这些信号计算出车轮的转速及滑移率；最后，电子控制单元将一个指令发送给制动压力调节器。压力调节器执行制动力分配并调节车轮的最佳滑移率；制动压力调节器执行来自 ECU 的命令，控制后轮制动力，使后轮滑移率始终保持在小于或等于前轮滑移率的范围内，从而取代机械式分配阀对后轮的控制，实现了接近于理想制动力分配曲线的制动效果。汽车 EBD 系统的工作原理如图 7-19 所示。与传统的制动力分配方式相比，电子制动力分配系统（EBD）功能保证了较高的车轮附着力以及合理的制动力分配。当 ABS 发挥作用时，电子制动力分配系统（EBD）即停止工作。

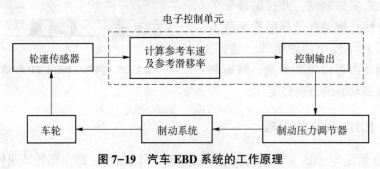

图 7-19 汽车 EBD 系统的工作原理

第8章 主动安全控制新技术

汽车主动安全技术是一种能够事先预防汽车事故发生、避免人员受到伤害的技术，它是最有可能以彻底的方式减少人员伤亡的一种技术。主动安全技术主要包括电子稳定程序、自适应巡航控制系统、轮胎气压监测系统、汽车自动制动系统、汽车夜视辅助系统、汽车自适应前照明系统、安全预警技术等，如图8-1所示。

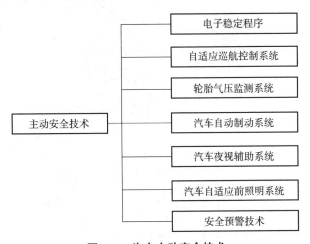

图8-1　汽车主动安全技术

8.1　电子稳定程序

电子稳定程序系统（Electronic Stability Program，ESP）是由德国博世公司开发的一套电子稳定程序，它综合了防抱死制动系统（Antilock Brake System，ABS）、制动辅助系统（Brake Assist System，BAS）以及加速防滑控制系统（Acceleration Stability Retainer，ASR）三个系统。ESP系统的主要功能是监控汽车的行驶状态，在紧急情况下，当驾驶车辆躲避障碍或转向时出现转向不足或转向过度时，该系统能够主动纠正驾驶错误，防患于未然。ESP系统能够通过不同传感器实时监控车辆的转弯方向、车速、节气门开度、制动力以及车身倾斜度和侧倾速度，并以此数据为依据判断汽车安全行驶和驾驶员操纵意图之间的差距。然后，通过调整节气门收油或者对某些车轮进行制动，达到修正转向过度或转向不足的目的。

8.1.1 汽车 ESP 系统的组成

ESP 系统大体可分为 ESP 电子控制单元、轮速传感器、转向盘传感器、摇摆运动传感器、发动机 ECU 等。ESP 系统的组成及分布如图 8-2 所示。

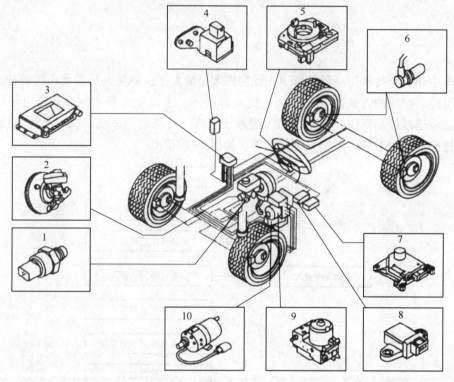

1—制动压力调节器；2—制动助力系统；3—控制单元；4—纵向加速度传感器；5—转向角传感器；
6—装在前后轮上的车轮转速传感器；7—偏转率传感器；8—横向加速度传感器；9—液压单元；10—液压泵。

图 8-2　ESP 系统的组成及分布

8.1.2 ESP 系统的工作原理

ESP 系统必须通过各个传感器实时监控车辆的行驶状态，使车辆遇到转向不足或者转向过度时能够及时恢复稳定行驶，并相应对各个车轮单独且精确地施加制动压力，让车辆保持稳定，以确保驾驶员在驾驶过程中对车辆操纵自如。ESP 系统工作原理图如图 8-3 所示。

工作时，轮速传感器用来监测滑移率，跟踪每一车轮的运动状态；转向盘传感器用来传递转向盘的转角变化数据，在转向和紧急避让时提醒系统进入人工工作状态；摇摆运动传感器用来检测车辆纵、横向滑动偏移的距离，记录车辆状态；ECU 接收上述各传感器的

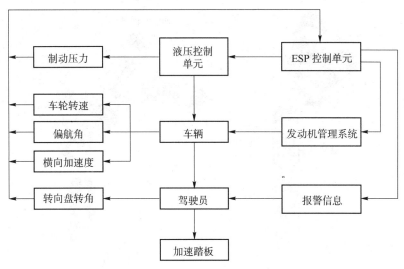

图 8-3 ESP 系统工作原理图

信号，进行分析、判断、计算，然后发出控制命令，对一个或多个车轮制动器的制动力进行调控，使汽车按照驾驶员所期望的理想路线行驶。

8.1.3 汽车 ESP 系统的作用

车辆在行驶时同时承受纵向力和侧向力，为了保证驾驶员能够稳定地控制车辆，需要保持轮胎上有适当的侧向力。然而，当这些力下降到给定的最小值以下时，会在车辆的方向稳定性上产生负面的影响。例如，纵向不均匀的制动力可能会导致车辆行驶不稳定，就像在光滑路面上加速时所产生的效果一样。如果车辆转弯太急促或者猛打转向盘，就会产生侧向力，导致车辆绕其垂直轴过度转动，使车辆打滑，从而使驾驶员失去对车辆的控制。

ESP 以 25 次/s 的频率对车辆当前的行驶状态及驾驶员的转向操作进行检测和比较，能够立即记录即将失去稳定的情况、转向过度和转向不足的状态。一旦有针对预定情况的问题及危险出现，ESP 就会采取相对应的措施进行干预以使车辆恢复稳定。

ESP 能够同时精确测量 4 个车轮的制动力。这样，在车辆不按驾驶员转向意图行驶时，能够将车辆"拉"回到正确的行驶轨迹上。例如，当一辆具有转向不足特性的汽车，在左转时前轮会产生向外拉的效果，而通过 ESP 在左后轮上施加制动力，并对发动机和变速器管理系统进行调控，将车辆拉回到正确的行驶轨迹上来。在同样的弯道上，具有转向过度特性的车会在后轮上产生向外拉的效果而跑离弯道，此时，通过对右前轮施加制动力，并对发动机和变速器管理系统进行调控，ESP 会产生一个顺时针转矩，通过该具有稳定作用的转矩，将车辆拉回到正确的行驶轨迹。安装 ESP 车辆与未安装 ESP 车辆行驶对比如图 8-4 所示。

通过 ESP 系统，无论是在制动、加速过程中，还是在弯道上或紧急避让状态，或是车轮打滑时，一旦行驶进入危险状态，车辆行驶稳定性都能在一定程度上得到保证。同时，汽车 ESP 系统的 ECU 与发动机、传动系统的 ECU 可以通过 CAN 互联，使其能更好地发挥控制功能。图 8-5 所示为 ESP 的典型工作工况。

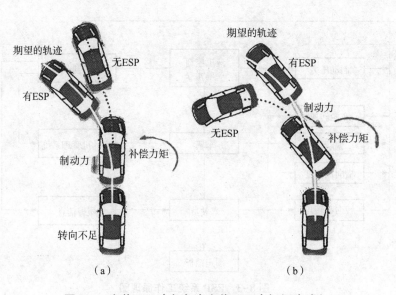

图 8-4 安装 ESP 车辆与未安装 ESP 车辆行驶对比
(a) 转向不足；(b) 转向过度

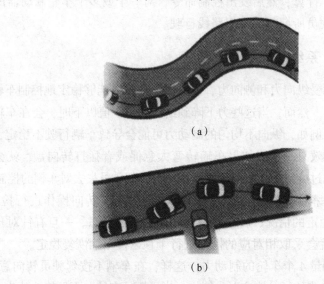

图 8-5 ESP 典型工作工况
(a) 在急转弯车道上高速行驶时运动工况；(b) 躲避前方突然出现障碍物运动工况

8.2 自适应巡航控制系统

自适应巡航控制系统（Adaptive Cruise Control，ACC）又可称为智能巡航控制系统，它是在传统巡航控制基础上，进一步发展而来的新一代汽车驾驶员辅助驾驶系统。它将汽车自动巡航控制系统（Cruise Control System，CCS）和车辆前向撞击报警系统（Forward Collision Warning System，FCWS）有机地结合起来。该系统不但具有自动巡航的全部功能，还可以通过车载雷达等传感器监测汽车前方的道路交通环境。当前行驶车道的前方有其他车辆前行时，该系统会获取本车与前车之间的相对距离及相对速度，控制汽车的加速和制动，从而对车辆行驶时的纵向速度进行调控，使本车与前车保持在合理的安全距离，如图 8-6 所示。

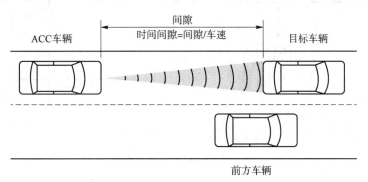

图 8-6 ACC 系统工作时的示意图

8.2.1 ACC 系统的组成

安装在车辆前部的车距传感器（雷达）在车辆行驶过程中持续扫描车辆前方道路，通过轮速传感器采集车速信号。当与前车之间的距离低于给定最小值，ACC 控制单元可以通过与制动防抱死系统、发动机控制系统协同工作，对车轮进行适当制动，并使发动机的输出功率下降，以使车辆与前方车辆始终保持安全距离。

汽车 ACC 系统主要由信号采集单元、信号控制单元（ECU）、执行单元以及人机交互界面构成。其基本组成如图 8-7 所示。

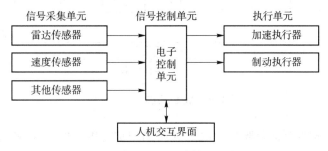

图 8-7 ACC 系统基本组成

雷达传感器主要负责在行驶过程中探测主车前方的目标车辆，并向 ECU 提供主车与目标车辆间的相对速度、相对距离、相对方位角度等数据信息。ECU 结合雷达传送来的数据，根据驾驶员预设的安全车距和巡航行驶速度，来确定主车的行驶状态。ACC 系统整车布置如图 8-8 所示。

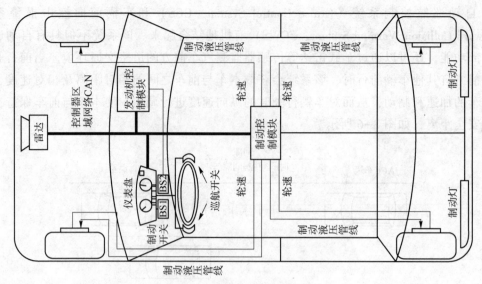

图 8-8　ACC 系统整车布置

8.2.2　ACC 系统的工作原理

现有的 ACC 系统控制通常使用分层控制，在 ACC 系统的信号控制单元中，通过对节气门开度和制动压力的控制，使得车辆根据间距策略计算出期望的安全间距行驶，是该系统功能得以实现的关键所在。ACC 系统的控制原理如图 8-9 所示。

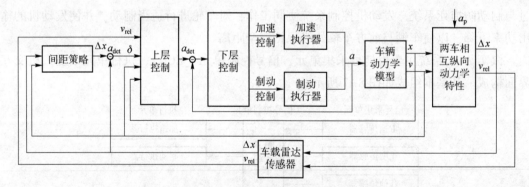

图 8-9　ACC 系统的控制原理

上层控制算法根据当前行驶环境决定纵向期望加速度，使 ACC 系统车辆按照期望的安全距离行驶；下层控制算法依据上层得出的期望加速度，通过控制驱动和制动执行器，使车辆表现出来的实际加速度和上层计算出的期望加速度值一致。在 ACC 系统的实际应用中，以 5 种典型的交通场景为主，如图 8-10 所示。

当本车前方无车辆行驶时，本车将处于普通的巡航行驶状态，ECU 根据预设信息，可通过控制电子节气门（发出指令给驱动电机，并由驱动电机控制节气门的开度，以调整可燃混合气的流量）以达到对整个车辆的动力输出自动控制的目的。

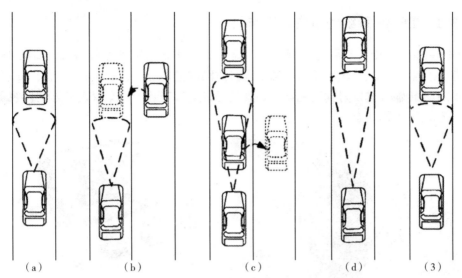

图 8-10 自适应巡航控制系统的 5 种典型交通场景

(a) 平稳跟车；(b) 换道插入；(c) 换道驶离；(d) 接近前车；(e) 紧急制动

当本车前方有车辆行驶时，且目标车辆的行驶速度小于给定预设速度时，ECU 系统通过计算实际车距和安全车距之比以及相对速度的数值，选择减速方式；同时，报警器向驾驶员发出警告，提醒驾驶员做出相应的措施。

当与前车之间的距离过小时，ACC 控制单元可以通过与制动防抱死系统、发动机控制系统协同工作，适当地使车轮制动，并降低发动机的输出功率，以使本车与前方车辆始终保持安全距离。此外，ECU 还可以控制集成式电子真空助力器（Electronic Vacuum Booster，EVB）系统，当遇到驾驶员不制动的情况，EVB 开始工作时，该系统中的电磁铁将代替驾驶员对真空助力器内部的真空阀和大气阀进行调控，进而实现调节制动压力。

当驾驶员踩动制动踏板后，ACC 系统将自动停止对车辆的控制，车辆的优先控制权重新回到驾驶员手中。

8.3 轮胎气压监测系统

汽车由轮胎与地面接触，汽车的安全性、操纵稳定性、燃油经济性、舒适性、轮胎使用寿命等都与轮胎内气压直接相关。轮胎气压监测系统（Tire Pressure Monitoring System，TPMS）又称轮胎失压预警系统，是一种有效保障汽车行驶安全的汽车主动安全装置，主要用于汽车行驶过程中对轮胎气压进行实时监测以及对轮胎低压和漏气进行报警。

8.3.1 TPMS 系统的组成与工作原理

TPMS 系统一般由轮胎压力监测模块、显示轮胎状态的监视器所构成，如图 8-11 所示。轮胎压力监测模块是轮胎压力和温度实时监测的主要部件，安装在轮胎内部或车轮表面，并以无线传输方式发射到监视器。驾驶员可以通过安装于汽车仪表盘处的监视器系统方便地看到轮胎工作状态。

图 8-11　TPMS 系统组成
（a）轮胎压力监测模块；（b）轮胎状态监视器

TPMS 系统的工作原理如图 8-12 所示。在系统开始初始化过程时，由控制单元给出一个 LIN 地址分配给轮胎压力监控发射器和天线。初始化完成之后，发射器发射出无线电信号，这种无线电信号的作用范围很小，只会分别被相应的轮胎压力传感器所接收，这个无线电信号能够激活传感器，然后就会发送出各传感器测量到的当前压力以及温度值，这些数据由天线接收后再经 LIN 总线传送到控制单元，在监视器中显示各轮胎的状态。

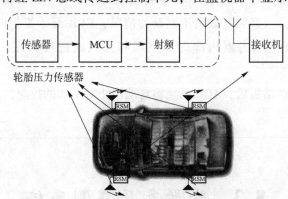

图 8-12　TPMS 系统的工作原理

8.3.2 TPMS 系统的分类

TPMS 系统有以下几个类别，分别是直接式 TPMS、间接式 TPMS 以及复合式 TPMS。

1. 直接式 TPMS

直接式 TPMS 如图 8-13 所示，利用安装在各个轮胎里的压力传感器来直接测量胎压，压力信息由无线发射器从轮胎的内部发送到中央接收器模块上,再由该模块上的系统对各胎压数据进行显示。当轮胎内压力过高或过低时,系统会自动报警。直接式 TPMS 可以提供更高级的功能,能够随时测定各个轮胎内部的实际瞬压,帮助驾驶员随时了解各个轮胎气压状况,确定故障轮胎。系统主要由轮胎内的发射模块、驾驶室的接收模块和显示模块构成。

直接式 TPMS 技术又可分为主动式(active)和被动式(passive)两种。其主要区别在于被动式 TPMS 中轮胎模块无须电池供能,而主动式则需要电池。

图 8-13　直接式 TPMS

2. 间接式 TPMS

间接式 TPMS 如图 8-14 所示,通过汽车 ABS 的轮速传感器来比较轮胎之间的转速差别,以达到监测胎压的目的。当胎压降低时,车辆的质量会迫使轮胎直径变小,车速因而发生变化,这种变化会触发报警系统向驾驶员发出警告。其优点是易安装、成本低。其缺点是汽车必须在直道上行驶,且必须在行驶距离大于 1 km 的情况下,ABS 才能够测量轮胎的气压情况,如果汽车进入转弯,ABS 则无法进行测试;另外,无法对两个以上的轮胎同时缺气的状况和速度超过 100 km/h 的情况进行判断,因此这种方式运用并不广泛。

图 8-14　间接式 TPMS

3. 复合式 TPMS

复合式 TPMS 将传感器直接安装于两个互相成对角的轮胎内,这种方式能够克服间接式系统的局限性，可以检测同一车轴或同一侧轮胎的气压。相比于直接式系统，这种复合式系统能够降低成本，但同样不能实时监测四个轮胎的数据，系统准确性和灵活性不够。

8.4 汽车自动制动系统

汽车自动制动系统（Advanced Emergency Braking，AEB）是一种汽车主动安全技术，其中分为三大模块，即控制模块（ECU）、测距模块和制动模块。其中测距模块的核心包括微波雷达、人脸识别技术和视频系统等。AEB的应用有效地减少了道路交通事故发生，降低交通事故致死率。欧盟新车安全评鉴协会（The European New Car Assessment Programme，Euro-NCAP）研究数据显示，每年AEB系统将帮助交通出行领域减少27%事故，挽救约8 000人的鲜活生命。

8.4.1 AEB系统的分类

根据多年的市场调查分析，欧洲Euro-NCAP机构对汽车AEB系统做以下3种分类。

1. 城市专用AEB系统

城市专用AEB系统如图8-15所示，一般有效距离为6~8 m，可以监测前方路况与车辆移动情况。如果发现潜在的风险，它将采取预制动措施，车辆将有更快的响应。在任何时间点内，如果驾驶员采取了紧急制动或猛打转向盘等措施，该系统将停止。如果在反应时间内驾驶员未能发出指令，该系统将会自动制动或采取其他方式避免事故。Euro-NCAP的调查中定义城市专用型AEB系统在该速度下不超过20 km/h的情况下工作，该速段集中了80%的城市交通事故。

图8-15 城市专用AEB系统

2. 高速公路专用AEB系统

高速公路专用AEB系统如图8-16所示。高速公路专用AEB系统在更高车速下工作，系统以毫米波雷达探测前方的车辆（通常能达到200 m），通过报警来提醒驾驶员潜在的危险。如果在反应时间内，驾驶员没有做出任何反应，第二次警示系统将起动（例如突然制动或收紧安全带），此时制动器将进入预制动状态。如果驾驶员仍没有反应，那么该系统将会自动实施制动，这套系统还包括安全带预紧功能。高速公路用AEB系统主要在车速为50~80 km时起作用。该系统主要针对城市间行驶的情况，在低速情况下仅提醒驾驶员。

图8-16 高速公路专用AEB系统

3. 行人保护AEB系统

行人保护AEB系统如图8-17所示，其作用是检测行人和其他公路上的弱势群体。通过装备于车上的一个前置摄像头获取图像，并且辨别出行人的图形和特征，通过计算相对运动的路径，以确定是否有撞击的危险。如果有危险，它可以发出警告，并在安全的距离内，制动系统采用全力制动把车停下来。不过，预测行人行为是非常困难的，尤其从算法角度来说非常复杂，因为该系统要做到在面临多种多样不同的潜在的威胁时，必须做出相应且有效的反应，而没有威胁时，如当行人走到路边停下允许车辆通过时，就不能采取紧急制动。随着红外技术的发展，该系统还可以集成雷达，这项技术还将进一步优化。

图8-17 行人保护AEB系统

8.4.2 汽车自动制动系统AEB的组成

AEB作为一项高级驾驶辅助系统（Advanced Driving Assistance System，ADAS），其硬

件包括传感器、电子控制器ECU与执行器三部分。

1. 传感器

传感器包括测距传感器、车速传感器、加速传感器、制动传感器、转向传感器等，用于实时检测行车环境，所有数据都会快速传送到控制器ECU。由于AEB系统运行的准确性和有效性直接由测距技术影响，所以系统要求测距传感器要有快速的测量传输速度，响应时间及测量时间尽可能短，并且具有较高的准确性和良好的环境适应性。

2. 电子控制器ECU

电子控制器ECU在接收行车环境数据后，按照编程算法分析计算车辆状况，得出车辆所需预警方案，并传输指令到执行器。

3. 执行器

目前AEB的执行器均为车身电子稳定性控制系统（Electronic Stability Controller，ESC），集成各种模块例如声光报警模块、显示模块、自动减速模块和自动制动模块等于此系统。随着电子液压制动系统（Electro-Hydraulic Brake System，EHB）的逐渐量产，该系统将会成为新的AEB执行器，并缩短执行器响应时间，提升AEB系统的性能表现。

8.4.3 AEB系统的工作原理

AEB系统采用前端传感器测出与前车或者障碍物的距离，利用电子控制器ECU模块将测得的距离进行信号融合，并将融合信号与报警距离、安全距离进行比较，小于报警距离时采取报警提示，而小于安全距离时，即使在驾驶员未能及时踩制动踏板的情况下，AEB系统也会起动，使汽车自动制动，从而保障了汽车的安全出行。具体工作原理如图8-18所示。

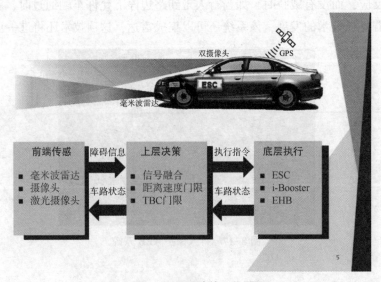

图8-18 AEB系统的工作原理

8.4.4 常见测距技术

在汽车自动制动系统中最基本、最关键的技术就是测距技术,实现 AEB 的测距技术主要分为三类,分别是毫米波雷达、激光雷达和基于视觉传感器。

1. 毫米波雷达

毫米波雷达如图 8-19 所示。市面上比较常见的一种方式是毫米波雷达实现 AEB,因为在配有 ACC 功能的车型上,AEB 和 ACC 可以共用同一个毫米波雷达。但是,这样做的后果也是显而易见的,ACC 在目标识别、传感器本体、特殊场景方面存在的一些问题在这种 AEB 上同样存在。

图 8-19 毫米波雷达

2. 激光雷达

因为各大供应商的毫米波雷达产品成本偏高,而摄像头视觉算法还不够成熟稳定,因此成本相对低廉,精度高且稳定可靠的激光雷达成为新的选择,如图 8-20 所示。由于激光雷达识别距离短,所以只在车速为 50 km/h 以内时起动,并且与前方车辆的时速差别为 4~15 km/h 且驾驶员未采取任何制动措施时,可以自动防止碰撞的发生。在速度低于 4 km/h 时,例如在驻车时,系统将不会启用。

图 8-20 激光雷达

3. 基于视觉传感器

摄像头实现 AEB 是图像识别技术飞速发展的产物,特别是在识别人、骑行人员等复杂目标方面有着得天独厚的优势。市面上一些车型宣传的带有行人检测功能的 AEB 就是通过摄像头模块实现的。从目前上市车型的配置情况来看,此项功能也只有摄像头才能实现。可识别的行人必须满足至少有 80 cm 的身高,不能携带较大物体。可识别的骑行人员要有清晰的身形和自行车轮廓,自行车必须配备至少高于地面 70 cm 的红色反光镜,与此同时,系统无法从角度的后方或者侧面进行监测,只能从正后方探测同方向行进的骑行人员。

现阶段,厂商采用的 AEB 方案主要包括单纯依赖毫米波雷达、单纯依赖摄像头,以及依赖毫米波雷达、摄像头传感器融合等方案。众所周知,视觉方案受黑夜、烟雾、暴雪等不理想工况影响大,很容易出现失效和误判;雷达方案不惧怕黑夜场景,但单独依赖雷达检测,对静止物体、行人等目标的识别难度大,易发生失效。激光雷达是少数厂商考虑纳入 AEB 方案的传感器之一,但基于量产和成本因素限制,视觉传感器和毫米波雷达方案仍旧是行业主流。

三种测距方式的比较如图 8-21 所示。

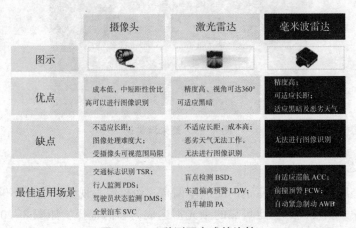

图 8-21 三种测距方式的比较

由于安全技术的要求日益增高,没有哪一个单种测距方法能够达到要求,于是出现第四种方法,即将摄像头与雷达融合,二者协同工作,共同构成汽车的感知系统,取长补短,实现更稳定可靠的 AEB 功能。但融合技术的实现需要不断进行大量路测,涉及真值标定、设备输出以及二次数据开发等工作,对应的数据采集量、数据交互量、数据存储量、数据处理工作量非常大,对于研发机构的综合开发能力有很高的要求。摄像头和雷达融合使用的原理如图 8-22 所示。

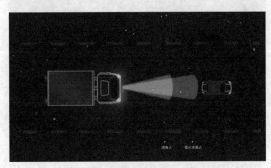

图 8-22 摄像头和雷达融合使用的原理

8.5 汽车夜视辅助系统

汽车灯光和夜视系统的作用距离如图 8-23 所示,可见拥有夜视系统,驾驶员将获得更优良的视觉。

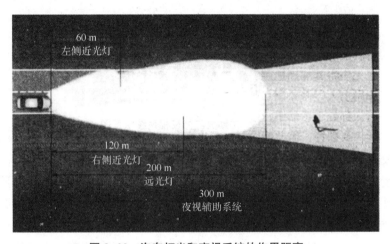

图 8-23 汽车灯光和夜视系统的作用距离

夜视系统的功能主要是利用红外成像技术将黑暗变得如同白昼,使驾驶员在黑夜里视野更加清晰开阔。汽车夜视系统能够观察到的距离比普通汽车前照灯远 3~5 倍,有的甚至可以达到 10 倍以上。尤其是在雾、雪或雨天等恶劣天气条件下,利用汽车夜视系统能够很清楚地观察行驶路面前方情况,极大程度上提高了驾驶的安全性。

8.5.1 夜视系统分类

根据夜视系统本身是否带有红外辐射源而有主动式和被动式之分,前者叫作主动式红外夜视技术,后者则称为被动式热成像技术,如图 8-24 所示。

(a)　　　　　　　　　　　　　　(b)

图 8-24 主、被动夜视系统对比

(a) 主动式;(b) 被动式

主动式红外夜视技术也就是所谓的近红外（Near Infrared Ray，NIR）技术。这套系统通过使用照射系统和摄像机来识别红外反射波，不依赖热源，并将识别后的数据以图像的形式传递给驾驶员。尽管这套系统不会受到其他因素的影响，但它提供的信息偏多，一定程度上会分散驾驶员的注意力。原因是它利用自己发出的红外线光源主动工作，同时也可以发现那些不发出热信号的物体。主动夜视系统是通过前照灯内两个特殊探照灯以人眼无法观察的红外线照射路面，前风挡内侧的红外摄像机捕捉红外反射信息，通过夜视系统控制单元对视频图像进行处理然后显示到仪表盘上的显示屏上。主动式红外夜视系统示意图如图8-25所示。

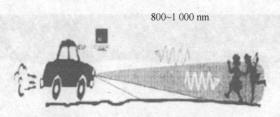

图8-25　主动式红外夜视系统示意图

被动式夜视系统也称为远红外系统（Far Infrared Ray，FIR）。任何物体都存在热量散发，不同温度的物体散发的热量不同。人类、动物和行驶的车辆相对于周围环境散发的热量要更多。被动式夜视系统就能收集这些热量信息，通过将其转变成可视的图像，把本来在夜间看不清的物体清楚地呈现在眼前，从而提高了夜间行车的安全性。被动式夜视系统通过安装在前保险杠左侧的热成像摄像头来探测车辆前方的物体和行人的热辐射，并通过夜视系统控制单元将检测到的热量数据转化为图像并显示在车辆的显示器上。被动式红外夜视系统示意图如图8-26所示。

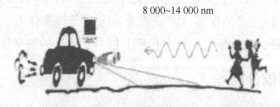

图8-26　被动式红外夜视系统示意图

8.5.2　夜视系统的组成与工作原理

汽车夜视辅助系统主要由夜视系统控制单元、摄像头、夜视辅助系统显示装置、红外线灯组成，如图8-27所示。

夜视系统通过控制单元起动红外线灯，右侧夜视系统摄像头的图像通过数字视频接口被装置接收并进行处理。然后，经过处理的图像通过另一个数字视频接口传送给仪表盘显示器，同时也能够进行故障管理与故障检测。其工作原理如图8-28所示。

图 8-27 夜视辅助系统部件位置

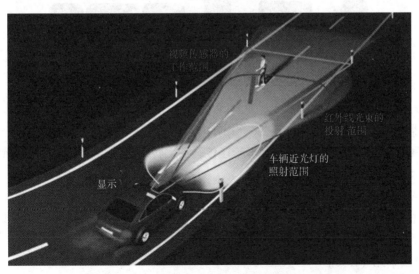

图 8-28 近距离红外线夜视辅助系统的工作原理

8.6 汽车自适应前照明系统

自适应前照明系统（Adaptive Front Lighting System，AFS）是一种照明系统，能够根据外部光线、天气情况、道路情况以及行驶信息来自动改变前照明系统的工作模式，调整照射光线的方向和亮度，消除由于夜间或者恶劣天气导致的能见度低的转弯或者其他特殊行驶条件下带来的视野盲区，以保证驾驶员和道路行人的安全。AFS 已经成为未来汽车前照明系统发展的主要方向。

8.6.1 汽车自适应前照明系统的组成和工作原理

1. 汽车自适应前照明系统的组成

汽车 AFS 系统组成如图 8-29 所示，主要由传感器单元、CAN 总线传输单元、电子控制单元以及执行单元组成。

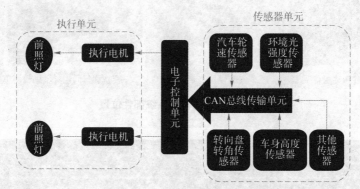

图 8-29 汽车 AFS 系统组成

1）传感器单元

传感器单元主要采集车辆的姿态、当前车速、转向盘转角等数据和外部如弯道弯度、坡度和天气状况等信息。其主要由汽车轮速传感器、转向盘转角传感器、环境光强度传感器、车身高度传感器等组成。

2）CAN 总线传输单元

CAN 总线传输单元的任务主要是把传感器采集的信息传输给控制单元，实现内部控制以及各种传感器的数据通信。

3）控制单元（ECU）

控制单元需要计算传感器获取的信息，然后给执行电机输出下一步指令信号。

4）执行单元

执行单元通过执行电机，根据 ECU 的指令信号，调节前照灯的照射亮度和角度。

2. 汽车自适应前照明系统的工作原理

为了实现不同的功能，AFS 必须要从不同的传感器中获取多种车辆行驶的信息。比如，弯道旋转照明功能的实现，除了通过转向盘角度传感器获取转向盘转角、车速传感器获取车速、车身高度传感器获得车身倾斜角度以外，还必须利用一些特殊的传感器来获取车辆实际转向角度的信息；再比如阴雨天照明功能的实现，就要通过湿度传感器来获得是否阴雨等天气状况的信息等。

许多传感器发回的信息大多只能到定性的程度，除了车速、车身转角和车身倾斜角等少数信息是可以定量的以外。例如，地面是否平整、雨量大不大等车身之外的环境信息，都是无法准确量化的。这就要求 AFS 的中央处理器要能够进行模糊的判断，并且相互关联各类信息。例如，在阴雨天气、路面有积水的情况下，相比晴天时车辆的转角有着极大的差异。AFS 的中央处理器不仅要做模糊的判断，还要随着这种环境的改变不断修正系统参数，这使 AFS 最终成为一个自适应的模糊系统，让照明系统始终以让驾驶员最合适的工况运行，帮助驾驶员能清晰地获取当前的路况。

图 8-30 所示为有无 AFS 的照明效果对比图，可以看出有 AFS 的车辆，在转弯时，前照灯可以根据转向盘的角度来调整灯光照射的位置，把光束投到驾驶员视线需要的位置。

图 8-30　有无 AFS 的照明效果对比图
(a) 无 AFS；(b) 有 AFS

8.6.2　AFS 系统的功能模式

AFS 根据路况和天气的不同，照明功能一般分为基础照明模式、转弯照明模式、城市道路照明模式、高速公路照明模式、乡村道路照明模式和恶劣天气模式。AFS 系统常见功能模式如图 8-31 所示。

1. 基础照明模式

基础照明模式下，AFS 的前照灯会根据光敏传感器检测光线的变化而自动打开或关闭，但不做任何水平与垂直方向的调整。例如，当白天车辆进入隧道、穿过桥梁或遇到恶劣天气时，前照灯会自动打开以补充照明。当黄昏时分，光线强度下降到预设值时，前照灯也会自动打开，似乎可以感知夜晚的即将到来；相反，当黎明来临时，光照强度升高到预设值时，前照灯会自动关闭。

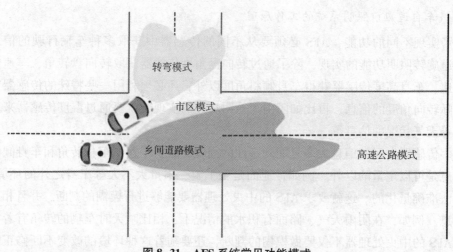

图 8-31　AFS 系统常见功能模式

2. 转弯照明模式

当汽车行驶在弯道上，因为前照灯的光线方向和车身方向一致，所以不可避免会存在照明暗区，非常容易因为不能及时发现道路上的障碍物而引发交通事故。是否进入转弯照明模式将根据汽车的转向盘转角传感器和车速传感器或 GPS 所测得数据来判断。通常，当转动的角度大于 12°，车辆行驶的速度大于 30 km/h 时开始工作，当转动的角度小于 9°，车辆行驶速度小于 5 km/h 时停止工作。当 AFS 感知到车辆驶入弯道时，前照灯会转动一定的角度，给弯道上路况补充照明。为了保证正面照明原有的需要，AFS 系统并非同时控制左右近光灯，如果车辆向右转弯，则右灯向右侧转动，如果向左转弯，则左灯向左侧转动。同时，左右两侧近光灯的可调节角度的最大值也存在差异，对于交通法规规定靠右行驶的国家，右侧近光灯可调节的最大角度为 5°，左侧为 15°。AFS 系统在转弯照明模式的作用效果如图 8-32 所示。

图 8-32　AFS 系统在转弯照明模式的作用效果

3. 城市道路照明模式

针对城市公路，夜晚光线条件较好，并且车辆行人的密度都明显增加，因此炫目的防止就显得尤为重要。炫光分为直接炫光和反射炫光两种，这里主要介绍直接炫光。通常要求，在两车相会时，射向对面车辆驾驶员的光线强度不高于 1 000 cd。是否进入城市道路照明模式则是根据光敏传感器和车速传感器或 GPS 的检测数据来进行判断。当光照强度达到给定值，并且车辆行驶速度小于 60 km/h 时，城市道路照明模式便会自动起动，降低左右近光灯的驱动功率以降低亮度，并且在垂直方向上令前照灯向下偏转，从而减少射入对面驾驶员眼中的光量。另外，针对市区车辆速度较慢的情况，AFS 会采用相对较宽的光形，以便在道路口获得比较好的照明效果，降低发生交通事故的概率。AFS 系统在城市道路照明模式的作用效果如图 8-33 所示。

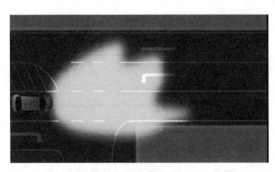

图 8-33　AFS 系统在城市道路照明模式的作用效果

4. 高速公路照明模式

当驾驶员驾驶汽车在公路上行驶发现危险时，绝大多数驾驶员的第一反应就是制动，而驾驶员发现紧急情况到制动发生制动作用之间的这段时间称为反应时间，反应时间内车辆以初始速度行驶的距离称为反应距离，从制动这一动作产生制动作用直到汽车减速至停止的这段时间里车辆驶出的距离称为制动距离，反应和制动的距离都与汽车的制动前速度成正比。制动距离为反应距离与制动距离总和，且制动距离应当确保在前照灯的照明区域内才能保证汽车的安全行驶。

当驾驶车辆在高速公路上行驶时，车速较快，车辆密度相对较低且侧向干扰较少，所以要求前照灯射出更远、更窄的光线，且车速越高，要求光形越长，这样才能使驾驶员在高速行驶时提前发现前方障碍物，有效规避交通事故的发生。当车辆驶入高速公路，行驶速度超过 70 km/h 时，AFS 通过车速传感器或 GPS 检测到该信息，通过调高近光灯竖直方向上的高度予以实现。而且随着行车速度的变快，近光灯的光照角度也会被调得越高，以保证能在安全制动距离之外发现危险。AFS 系统在高速公路照明模式的作用效果如图 8-34 所示。

图 8-34　AFS 系统在高速公路照明模式的作用效果

5. 乡村道路照明模式

乡村道路的特点是分岔路口多，而且光照条件差，不利于及时发现边缘障碍物。部分道路路况凹凸不平、起伏不定，车身会产生一定程度的倾斜，而车身倾斜会改变前照灯照射的俯仰角度，导致照射区域偏离理想位置。这时，AFS 需要根据汽车的水平高度变化以及车辆行驶速度的快慢计算出最佳的照明位置，从而调节照明系统。图 8-35 所示为汽车自动调节最佳照明位置。

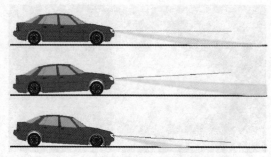

图 8-35 汽车自动调节最佳照明位置

是否进入乡村照明模式由光敏传感器和车身高度传感器或 GPS 测得数据来判断。以规定汽车右行的国家为例，当汽车驶入乡村路段时，左右两侧的近光灯驱动功率均增大，以增加光线亮度补充照明，右灯的灯光要偏转一定角度，以照射到边缘路面。AFS 系统在乡村道路照明模式的作用效果如图 8-36 所示。

6. 恶劣天气模式

阴雨天气时，行驶车辆打在地面上的光线会被地面的积水反射射入对面会车驾驶员的眼中，使其炫目，如图 8-37 所示。据法国的一项民意调查表明，有 83% 的驾驶员认为，夜晚的反射炫光比直接炫光更令人感到慌张，因此必须找到降低阴雨天气产生反射炫光的途径。积水反射炫光产生原理如图 8-37 所示。

图 8-36 乡村道路照明模式的作用效果

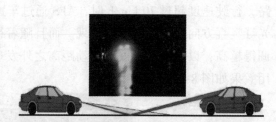

图 8-37 积水反射炫光产生原理

由雨量传感器监测即可判断当前外界是否下雨，并能够获知雨量的大小。通常汽车前方距离在 5~25 m 的路面会产生反射炫光，根据雨量大小，AFS 系统将会适当降低前照灯竖直方向上的高度，对此范围内的光照强度进行限制，以避免反射炫光造成车辆前方 60 m 范围内的驾驶员炫目，避免交通事故的发生。

雾霾天气时，前照灯光线出现漫射且前照灯表面布满小水珠，使得前照灯的亮度和穿透力有所下降，导致行车前方路况能见度很低，交通安全存在隐患。由雾传感器感知雾的大小、光敏传感器感知光线的强弱从而起动AFS。AFS会提高前照灯的驱动功率和调高前照灯的水平高度，同时起动车灯清洗装置，冲洗前照灯上因雾气产生的小水珠，以增强前照灯光束的亮度和穿透力，从而提高前方道路的能见度与清晰度。

自适应前照明系统（AFS）在智能汽车电子产品中的应用日益广泛，通过驱动步进电动机来实时控制灯光角度调整，能有效地提高驾驶的安全性。

8.7 安全预警技术

8.7.1 盲点监测系统

盲点监测系统（Blind Spot Detection System，BSD）也称作盲区监控系统（Blind Spot Monitoring System，BSMS），或者变道辅助决策系统（Lane Change Decision Aid System，LCDAS），是一种基于短距离微波雷达探测技术的监测设备，用来监测内外后视镜视觉盲区侧后方移动物体（如汽车、摩托车、自行车、行人），探测相邻车道后方以及后视镜盲区里有没有车子在靠近。当盲区内有车子接近本车时，根据危险和紧急程度适时发出提示音、光标等信号，辅助驾驶员警觉并规避盲区物体，辅助驾驶员安全并线。盲点监测系统是自动驾驶辅助系统中的一项关键功能，在低速状态时360°覆盖车身周围的路况。盲点监测系统示意图如图8-38所示。

(a) (b)

图 8-38 盲点监测系统

(a) 雷达探测技术；(b) 盲区车辆靠近危险提示

1. 盲点监测系统的组成

盲点监测系统一般由信息采集单元、电子控制单元和预警模块等组成，如图8-39所示。

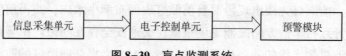

图 8-39 盲点监测系统

1）信息采集单元

信息采集单元的任务是通过传感器监测驾驶过程中盲区内是否存在其他车辆或者行人,并把采集到的信息传输给电子控制单元。通常,传感器由毫米波雷达或者摄像头组成。一般将传感器安装在后保险杠的两侧,用以实现盲区检测、并线辅助和倒车辅助。

2）电子控制单元

电子控制单元分析计算获取到的信息并向预警模块传达指令。

3）预警模块

预警模块接收到指令后,若有危险,发出警示,提醒驾驶员此刻不能变道。预警模块的预警方式一般有后视镜点亮提示或者转向盘振动提醒等。

2. BSD系统的工作原理

BSD系统的工作原理如图8-40所示,BSD系统经过分析处理反射回来的雷达信号,即可得出后面车辆距离、速度和运动方向等数据信息,通过系统算法,排除固定的和远离的物体,当监测到盲区内有车辆靠近时,指示灯闪烁,此时驾驶员看不到盲区内的车辆,也能通过指示灯知道有车辆驶从后方过来,变道存在碰撞的危险。如果此时驾驶员仍未注意到指示灯闪烁,准备变道并拨动转向灯,那么系统就会发出语音报警声,再次提醒驾驶员此时不宜变道,否则会有危险。在整个行车过程中,持续地监测和提醒,防止诸如恶劣天气、驾驶员疏忽、后视镜盲区、新手上路等潜在危险而造成交通安全事故。

图 8-40 BSD系统的工作原理

8.7.2 车道偏离预警系统

车道偏离预警系统（Lane Departure Warning System, LDW）只有当车辆偏离驾驶路线时以报警的方式提醒驾驶员,令驾驶员及时做出反应,如图8-41所示。该系统本身不会主动干预车辆的运动轨迹,仅用来防止由于车道偏离等原因引发的碰撞事故。

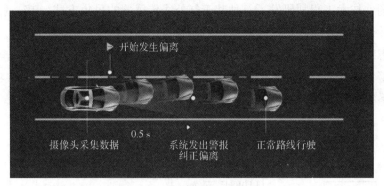

图 8-41 车道偏离预警系统

LDW 主要是利用机器视觉或红外传感器来检测车道标识的位置。根据传感器所处的位置，LDW 又可分为俯视系统和前视系统。前视系统在没有道路标识的道路上也可以使用，因此可以利用更多的路况信息。其缺点就是用来定位车辆横向位置的一些图像特征点可能被其他车辆或行人干扰。车道偏离预警系统工作示意如图 8-42 所示。

图 8-42 车道偏离预警系统工作示意

1. 车道偏离预警系统的组成

目前，车道偏离预警系统主要是采用视觉解决方案进行图像处理，包括图像采集单元、中央处理单元及人机交互单元三大模块。

（1）图像采集单元：首先，工业照相机（CCD 或者 CMOS）将获取关于前方路况的视频信号，然后摄像机传输模拟信号给图像采集卡进行采样、量化后，转换为数字信号并存储到帧存储器中，便于处理器计算。

（2）中央处理单元：处理数字图像并进行车辆状态分析，分析车辆本身的信号，比如转向灯是否开启等，当判断车辆将会发生偏离时，做出控制决策。

（3）人机交互单元：最终的决策控制信息需要通过人机交互单元传达给驾驶员，完成车道偏离预警的最终任务。

2. 车道偏离预警系统工作原理

目前，各厂商所配备的车道偏离预警系统均基于机器视觉，在摄像头采集数据的基础上研发。但在雨雪天气或能见度不高的驾驶环境，车道标识线采集的准确度会下降。为了解决这一难题,技术工程师研发了一种基于红外线传感器的采集方式,其一般安置在前保险杠两侧,并通过红外线收集信号来分析路面状况,即使在恶劣环境的路面,也能够有效识别车道标志线,便于在绝大部分环境的路况下及时提醒驾驶员汽车行驶偏离状态。目前车道偏离预警系统在大众 CC、宝马 5 系、奔驰 E 级、英菲尼迪 M 系等车型均已配备。车道偏离预警系统工作原理如图 8-43 所示。

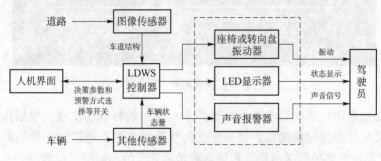

图 8-43 车道偏离预警系统工作原理

8.7.3 驾驶员疲劳预警系统

驾驶员精神状态出现下滑或者进入浅睡眠时,驾驶员疲劳预警系统 (Driver Alert System, DAS) 会依据驾驶员精神状态指数分别给出语音提示、振动提醒等,警告驾驶员已经处于疲劳驾驶,应停车调整休息,如图 8-44 所示。

图 8-44 驾驶员疲劳预警系统示意图

1. 驾驶员疲劳预警系统的工作原理和组成

常见的疲劳监测系统工作原理主要有两方面:一是对汽车行驶轨迹或驾驶员操作行为进行监测;二是对驾驶员面部识别或身体状况进行的疲劳监测。

驾驶员疲劳预警系统结构示意图如图 8-45 所示,一般由信息采集单元、电子控制单元和预警显示系统等组成。

1) 信息采集单元

信息采集单元主要通过传感器获取驾驶员和车辆的状态信息。驾驶员信息包括驾驶员面部特征、头部特征、眼部特征、头部运动性;车辆的行驶信息则包括行驶速度、转向盘转动角度、行驶轨迹等。

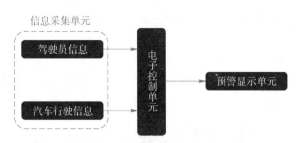

图 8-45　DAS 系统结构示意图

2）电子控制单元

ECU 接收信息采集单元传输的信号，进行分析运算，以判断驾驶员是否处于疲劳状态。若经分析，发现驾驶员处于一定的疲劳状态，则向预警显示系统发出信号。

3）预警显示系统

预警显示系统根据 ECU 传递的信息，通过振动提醒、语音提示、电脉冲警示等方式对驾驶员进行预警。

2. 驾驶员疲劳检测的方法

驾驶员疲劳检测主要基于驾驶员的自身特征，包括生理信号和生理反应、汽车行驶状态等方式来实现。

1）通过监测转向盘的防疲劳驾驶技术

这项技术利用在转向盘内部布置了一个传感器，感应驾驶员对行进方向纠正的频率与速率，然后将数据返回 ECU 内进行识别。它会在 80~180 km/h 的范围内工作，并且在行程开始 20 min 后起动，依据驾驶方式如转向、行驶条件、驾驶时间来评估驾驶员的疲劳程度和注意力分散的情况。如果系统监测到驾驶员疲劳驾驶，车辆的仪表盘中央就会显示出一个图标，在必要时，放大闪烁该图标，并伴有提示音。若想取消当前警示状态，需要停车后开车门或重新起动汽车，如图 8-46 所示。

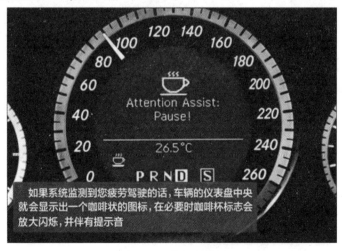

图 8-46　转向盘监测

2）通过心率监测的防疲劳驾驶技术

这项技术的载体是一款能够监测驾驶员状态的智能安全带，这条安全带能够监测驾驶员的心率，以判断驾驶员是否打瞌睡，并采取必要的措施警示驾驶员。若系统没能唤醒驾驶员，系统将会起动汽车的自动巡航模式，以自动防撞与防偏离车道系统来减缓碰撞对人员的伤害，如图8-47所示。

图8-47 心率监测

3）通过监测眼睛的防疲劳驾驶技术

因为人们在犯困时会频繁地眨眼或者短时间闭眼，所以判断驾驶员是否为疲劳驾驶，选择用摄像头来监测驾驶员上下眼皮之间距离，以判断驾驶员是否处于瞌睡的状态，当系统发现驾驶员处于疲劳驾驶时，会发出报警声来提醒驾驶员，如图8-48所示。

图8-48 眼睛监测

4) 通过互动问答的防疲劳驾驶技术

前几年,丹麦某公司发明了一项防疲劳驾驶技术叫作"防瞌睡领航员"(ASP)。首先驾驶员要预先录入年龄、性别、每周工作时间等个人信息,并被要求完成一些测试,以得出其驾驶危险性的预测档案。然后通过 ASP 系统自带算法计算,得到作为另一个判断驾驶疲劳度的标准。当日常驾驶时,ASP 会与驾驶员进行一些随机的互动,比如向驾驶员提问。如果驾驶员反应过慢,经过评定后,ASP 系统就会认为驾驶员疲劳,进而通过声音等方式提醒驾驶员。

5) 通过检测车道偏离的防疲劳驾驶技术

这项技术在当今的汽车中最为常见,它是通过前置摄像头检测路上的行车线,以判断汽车是否偏离车道。当驾驶员精力不集中或打盹时,如果车辆偏离车道,系统会以声音或振动的方式提醒驾驶员。这项最常见的防疲劳驾驶技术在众多车型上都有配备,它需要的数据和技术成本并不高,所以是众多车型的首选。

安全预警技术是集计算机、通信、现代传感、信息融合、人工智能及自动控制等技术于一体的集成系统,是当代汽车技术的主流发展方向。随着传感器的日益先进,快速执行器、高性能 ECU、先进的控制策略、计算机网络、通信技术及雷达技术在汽车上的广泛应用,安全预警技术已经开始主要向集成化、网络化和智能化 3 个方向发展。开发高性能的行车安全状态监控技术和信息服务平台,可为驾驶员提供有效的驾驶辅助,有效避免交通事故的发生。由于该类技术在事故预防的领域效果卓越,如今已是世界各国汽车主动安全技术的重点研究对象之一。

车辆自适应巡航控制系统、车道保持辅助系统与车辆底盘一体化控制技术协同工作,将车辆行驶状态维持在最佳水平,构成了一体化的主动安全监控平台。先进汽车主动安全控制技术将会整合和优化各项独立的主动安全装置和措施,最终形成"人-车-路"三者协同的主动安全技术。

第9章 被动安全控制新技术

安全、节能、环保是汽车工业的三大主题,汽车安全可分为主动安全和被动安全,两者是以车辆的事故发生点为界线来划定的:主动安全是指汽车在发生意外事故前,能主动避免事故发生的能力;被动安全是指汽车在发生事故后,具备保护乘员的能力。针对被动安全而言,当汽车发生事故时,对乘员的伤害是瞬间发生的。为了能有效减少碰撞对乘员产生的伤害,车辆必须配备相应的保护装置,当前主要的安全装置有安全带、安全气囊约束系统(Supple mental Restraint System,SRS)、行人保护系统、头颈保护系统、汽车吸能系统、汽车事故自动报警系统等。

9.1 智能安全气囊

安全气囊是辅助的乘员约束系统装置,它与安全带一起作用来防止乘员受到汽车内饰的伤害。目前关于汽车安全气囊的研究内容很多,其中的核心问题是它在充泄气过程中如何使乘员获得最佳的保护状态。常规安全气囊进行安全保护时,对成年人与儿童等没有差别异化对待,会导致安全气囊对不同年龄和身高乘员造成伤害,因此,智能安全气囊愈发受到人们的关注和青睐。

9.1.1 智能安全气囊的组成与工作原理

智能安全气囊系统的组成如图9-1所示,在常规安全气囊基础上,增加了由乘员体征检测传感器、安全带张力传感器、碰撞预测传感器及碰撞传感器等组成的信号处理及控制系统,系统会根据碰撞事故发生时的诸多客观条件,自动调节安全气囊的控制参数以减少乘员所受伤害。这些客观条件包括碰撞强度、碰撞类型、乘员类型、乘员坐姿、乘员约束情况等;控制参数包括气体发生器的能力、排气孔卸载的能力、安全气囊点火时间等。其中，以乘员类型和乘员坐姿为主要探测对象的乘员体征识别系统是该信号处理及控制系统最为重要的组成部分，是智能安全气囊成功实现其功能的前提。

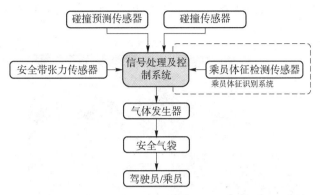

图 9-1 智能安全气囊系统的组成

9.1.2 座椅乘员识别系统

座椅乘员识别系统是智能安全气囊的"眼睛"，它可以较为精确地为中央控制系统提供所发生事件的条件信息。中央控制系统计算这些条件信息后，将所得值与事先存储好的不同事件的阈值进行比较，最终决定是否向安全气囊及安全带发出相应指令。

1. 乘员智能识别

乘员智能识别系统通过安装在汽车内的摄像头收集人脸图像，计算机视觉技术能够对采集到的图像所包含的像素分布、亮度、颜色等信息进行分析，对物体的大小、形状、轮廓进行判别。由于不同年龄和身高的乘员坐在汽车座椅上的高度不同，对应的形状和轮廓等信息也各不相同，因此能够使用计算机视觉技术对乘员类型进行识别。近年来，研究人员相继提出了几种基于视觉的乘员识别方法，包括立体视觉法、人脸颜色法、光束法、结构光法等，如表 9-1 所示。

表 9-1 几种基于视觉的乘员识别方法

识别算法	优点	缺点	识别目标
立体视觉法	获得 3D 信息，对光线具有较强的鲁棒性	需要精确校准，速度慢，需要 2 台摄像机	3D 形状、深度、距离
人脸颜色法	对光线变化有较强的鲁棒性，分割快速和简单	需要足够的光照条件，需要彩色照相机	人脸
光束法	高效目标分割	速度慢，光照变化敏感；不能发现静止物体	运动的 2D 形状
结构光法	快速、简单；给出 3D 信息，对光线变化具有鲁棒性	不能产生一个密集视差，需要特殊光照模式	3D 形状、深度、距离

相比无线的、声学的或者触觉传感器等主动获取数据方法，计算机视觉则被动获取数据，在固定环境下采集图像。随着计算机硬件的发展，现在已可以在低成本的情况下实现图像数据的高速传输及处理。图9-2所示为博世公司开发的乘员视觉识别系统工作示意图。

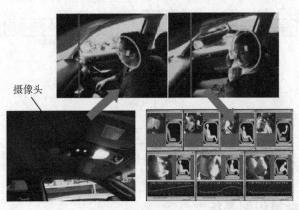

图9-2 博世公司开发的乘员视觉识别系统工作示意图

基于深度学习的乘员分类系统如图9-3所示，首先通过视觉传感器获取乘员图像信息，然后在输入端对其预处理，利用训练好的卷积神经网络与摄像机提取到的乘员特征进行匹配，再输出图像中对象的标签以及每个对象类别的概率，最终识别周围环境的对象，从而对乘员进行分类。如果发生碰撞，控制中心在对各类传感器传过来的信息进行判断的同时，综合考虑乘员探测系统所得到的乘员乘坐信息。依据所得信息，智能安全气囊系统就可以根据乘员的乘坐情况适时适量展开气囊，为其提供充分的安全保护。

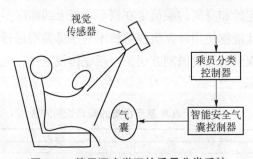

图9-3 基于深度学习的乘员分类系统

包括乘员类型识别和乘员坐姿识别的乘员体征识别是智能安全气囊开发中的重点。乘员体征识别是一个相对复杂的过程，目前绝大多数体征识别系统运用电场感应、压力及质量测量、超声波、红外光束、雷达以及视觉测量等技术手段。

2. 点火控制智能化

美国高速交通安全管理局指出，由于目前的车辆乘员约束系统对碰撞类型识别、乘员类型识别以及约束系统工作时刻判断的不准确，导致汽车发生正面碰撞事故时乘员因为约束系统的误动作而伤亡的情况时有发生。因此，随着法规逐渐完善以及消费者对汽车安全性要求的提升，智能安全气囊点火算法的研究越来越受到人们的重视。目前，关于智能安全气囊点火算法，主要研究有基于乘员检测的自适应安全气囊算法、模糊神经网络算法、主被动安全系统一体化算法等。

9.2 侧面安全气帘

如图9-4所示，侧气囊和侧气帘的配备，可以有效地避免发生意外事故时，车内乘员头部与车体侧围或顶窗边梁发生直接接触，更重要的是，避免了车内乘员头部与车外壁障发生直接接触可能造成的严重损伤。侧气囊一般安装在排座椅外侧，目的是隔离躯干与门板，减缓侧面撞击对乘员造成的伤害。与其他侧气囊相比，侧面帘式气囊有更大的保护范围。当侧气帘展开时，会以窗帘形状遮蔽住整个车窗，这样就有效阻止了车内前后排乘员与车身侧面结构以及车体外界空间的直接接触，在侧面碰撞和翻滚事故中可以对乘员起到较大程度的保护作用。

图 9-4 侧气帘和侧气囊

9.2.1 侧面安全气帘的组成与控制原理

侧面安全气帘约束系统包括侧面气帘模块、侧碰撞传感器及ECU控制器。侧面气帘模块的结构如图9-5所示，主要包括线束、电点火炬、气体发生器、气袋气体扩散管、安装附件（夹钳、拉带）、气袋。

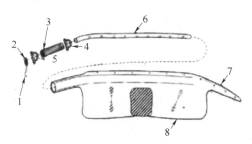

1—线束；2—电点火炬；3—气体发生器；4—扩散管夹钳；5—发生器夹钳；6—气袋气体扩散管；7—拉带；8—气袋。

图 9-5 侧面气帘模块的结构

侧气帘按结构可分为发生器后置式气帘和发生器中置式气帘，如图9-6和图9-7所示。两者主要区别在于气体发生器位置不同，后置式气体发生器位于C柱处，中置式气体发生器位于B柱处。另外，发生器后置式气帘相比于发生器中置式气帘占用的空间要小，因为发生器后置式气帘内部安置导管，而发生器中置式气帘外部安置发生器导管，所以占用空间较大。研究人员经过大量试验研究，发现中置式气帘展开时间少于后置式气帘，经过综合对比，现在汽车上使用的帘式气囊以发生器后置式气帘为主。

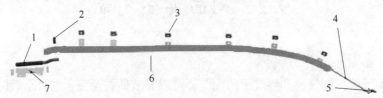

1—气体发生器；2—卡箍；3—气袋固定片；4—拉带；5—拉带固定片；6—气袋；7—发生器支架。

图9-6 发生器后置式气帘

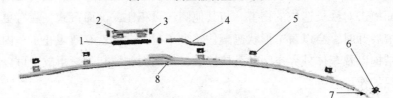

1—气体发生器；2—发生器支架；3—卡箍；4—发生器导管；5—气袋固定片；
6—拉带固定片；7—拉带；8—气袋。

图9-7 发生器中置式气帘

9.2.2 侧面安全气帘的工作原理

侧气帘展开前一般折叠成条状，安装在车顶梁与顶棚内饰之间。侧面帘控制原理如图9-8所示，当安装在B柱上的加速度传感器感受到侧面碰撞后，会通过通信线束将加速度信号传递给中央通道ECU，ECU控制系统在6~13 ms时间内做出反应并点爆气体发生器。安全气帘的展开是一个瞬态动力学过程，气帘在展开时，首先是气体发生器点火，给气袋充气，气体在20~30 ms时间内通过气体扩散管上的小孔充满气帘，气帘在充气过程中突破A/B/C柱内饰板的约束，沿着A/B/C柱从顶棚向下展开，在乘员与车窗内侧之间形成帘式气袋。

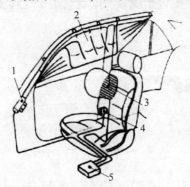

1—气体发生器；2—侧气帘；3—安装在座椅内的侧气囊；4—B柱加速度传感器；5—中央通道ECU。

图9-8 侧面帘控制原理

从气帘开始充气到充满整个气袋过程中，其内部压力先达到峰值，随后慢慢下降，这时乘员与气袋开始接触。在接触过程中，气袋被压缩后体积变小，气囊内部压力增大，因气囊自身的泄气孔和织带透气性，使得压力达到一个平缓值，然后下降，直到气囊泄气完毕。这样不仅避免了乘员与车体内饰物的二次碰撞，还能使气囊压力保持一定范围值而形成一个软气垫与乘员接触。若在气囊展开压力增大阶段与乘员接触，可能会因气囊展开时的拍击而使乘员受到伤害。

所以有效控制气囊与乘员的接触时间对保护乘员起到至关重要的作用，不宜过早（即气囊展开阶段），也不宜过晚（即气囊内部压力太小起不到隔离乘员与车体作用）。另外，乘员坐姿也影响气帘对其保护效果。若乘员处在离位状态下，气囊在充气阶段就可能与乘员头部和胸部接触，高速冲出的气囊可能会对乘员造成较大的伤害。

9.3 智能安全带

常规安全带仅具有被动防御功能，在发生意外时，虽然能够一定程度上保证乘员安全性，但不能时刻检测乘员情况，也不能对驾驶员行为进行监督检测。智能安全带能通过采集汽车上的各类数据，检测驾驶员驾驶情况，使驾驶员能够在行驶过程中有更好的驾驶体验。

9.3.1 智能预紧式安全带的组成

普通安全带一般由织带、预拉紧装置、卷收器和固定机构等组成，固定机构包括带扣、锁舌、固定销和固定座等。

普通安全带的工作原理如图 9-9 所示，当汽车发生碰撞时，中央通道 ECU 控制系统发出收紧信号，预拉紧装置被激发，导管内气体发生剂被引爆，瞬间产生大量气体，使活塞带动钢珠，钢珠滚动过程中带动驱动轴旋转，带动卷收器内的卷筒转动从而把织带往回拉，拉到一定程度时卷收器锁止，固定了乘员身体，减少乘员所受的外力伤害。

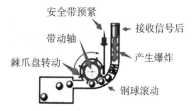

图 9-9 普通安全带的工作原理

智能预紧式安全带是在普通安全带的基础上，加装追尾避免系统以及控制电机等部件，并将普通安全带替换为具有检测功能的智能安全带，从而提高驾驶员的驾驶舒适性与安全。

9.3.2 追尾避免系统

预紧式安全带控制结构如图 9-10 所示，追尾避免系统应用毫米波雷达探测前方车辆的行驶情况，判断有追尾的危险时，用报警（声音、显示）的方式提醒驾驶员轻微制动，以身体感知方式进行警告。当判断出难以避免追尾时，会采取强烈制动措施，和驾驶员自身的制动一起降低追尾车速，以便有效地帮助驾驶员避免和降低发生追尾时的损伤。

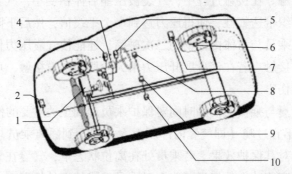

1—VSA+ECU 一体型液压组件；2—毫米波雷达；3—工作指示警告灯；4—转向角度传感器；5—CMBS 开关；
6—主动式车轴转速传感器；7—CMBS 控制 ECE（IHCC ECU）；8—预紧式安全带；9—预紧式安全带控制 ECU；
10—偏航率/横向 G 一体型传感器。

图 9-10 预紧式安全带控制结构

9.3.3 智能预紧式安全带的工作原理

当追尾的危险系数较高时，该系统将驾驶席安全带轻轻收紧 2~3 次，以身体感触的方式向驾驶员发出警告。在判断出难以避免追尾时，系统将用力收紧安全带，将乘员牢固地束缚在座椅上。此外，在紧急制动时也将安全带用力收紧，提高固定效果。预警机制控制框图如图 9-11 所示。

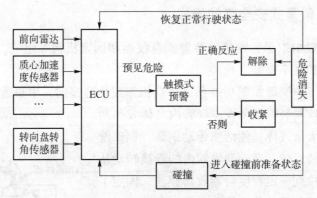

图 9-11 预警机制控制框图

9.4 行人保护系统

汽车安全不仅保护车内驾乘人员，同时也要保护行人的安全，因此行人保护也包括在被动安全控制技术内。所谓"行人保护"是指利用车身吸能材料、减少缓冲撞击力等结构设计,从而实现车辆与行人发生碰撞时,最大程度保护行人人身安全的一种技术。车身吸能材料的应用是最基本的行人保护技术,如行人安全气囊、吸能保险杠、软性的发动机罩材料、大灯及附件无锐角等。

9.4.1 行人安全气囊系统

安全气囊的诞生,使车内乘员的人身安全得到了充分的保障,但是在车辆与行人发生碰撞时,行人往往是会遭受到更重的伤害的一方,尤其当被甩到发动机盖上面后,前风挡玻璃、雨刷器等坚硬物体会对人体造成二次撞击,更容易对其带来无法预估的伤害。

1. 行人安全气囊系统的组成

行人安全气囊系统的组成如图9-12所示,由行人安全气囊、机盖铰链释放装置、机盖弹起限位装置(机盖挂钩和挂扣)、行人碰撞传感器、行人安全气囊控制模块、发动机控制模块、车身控制模块、制动控制模块、仪表等组成。图9-13所示为行人安全气囊系统电气元件安装位置。

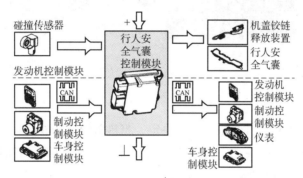

图9-12 行人安全气囊系统的组成

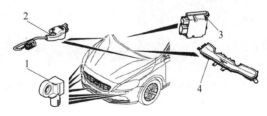

1—碰撞传感器;2—机盖铰链释放装置;3—行人安全气囊控制模块;4—行人安全气囊。

图9-13 行人安全气囊系统电气元件安装位置

1)行人安全气囊

行人安全气囊位于发动机盖与风挡玻璃之间的整流罩下方,包括火药式组件以及储存气体的储气筒。行人安全气囊起动时,会发送一个触发信号至行人安全气囊上的引爆装置,此时火药燃起并与储存的气体混合,气体混合物填充气囊使其膨胀,安全气囊便会在风挡玻璃上展开,如图9-14所示。

2)右/左机盖铰链释放装置

机盖铰链释放装置如图9-15所示,位于车辆两侧的发动机盖铰链上,行人安全气囊

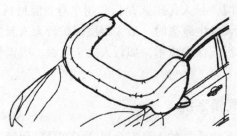

图 9-14 行人安全气囊展开图

起动时,行人安全气囊控制模块会传送一个触发信号至对应的机盖铰链释放装置上的气体发生器。微型气体发生器驱动靠着铰链的活塞,并迫使铰链释放以拉出松开铰链的销。当铰链已松开时,发动机盖会被已膨胀的行人安全气囊抬高。

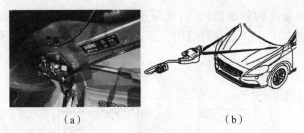

(a)　　　　　　　　　　(b)

图 9-15 机盖铰链释放装置

3) 机盖弹起限位装置

机盖升起的行程由机盖弹起限位装置决定。当机盖铰链释放后,行人安全气囊抬起机盖后端,机盖上升到一定位置时,限位装置机盖挂钩钩住车身上的挂扣,机盖不再升起。机盖挂钩和挂扣如图 9-16 所示。

(a)　　　　　　　　　　(b)

图 9-16 机盖挂钩和挂扣

(a) 挂钩;(b) 挂扣

4) 行人保护碰撞传感器

行人保护碰撞传感器属于加速度型传感器,共有 7 个,其布置如图 9-17 所示,安装在前保险杠内,行人保护碰撞传感器会不断传送数据至控制模块。当发生碰撞时,行人保护模块会利用这些数据来判断碰撞严重程度是否足以起动铰链释放装置及行人保护安全气囊。

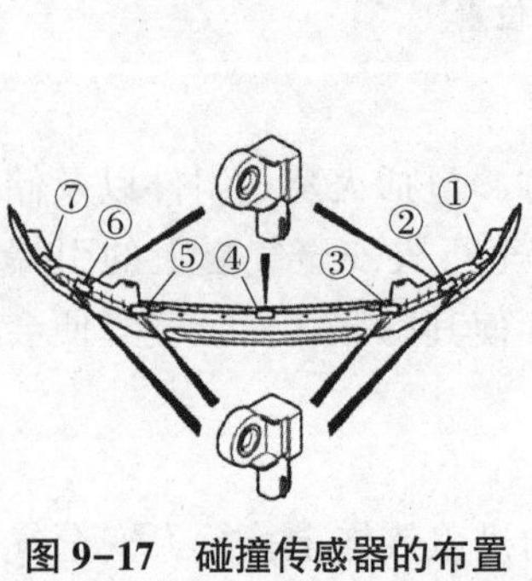

图 9-17 碰撞传感器的布置

2. 行人安全气囊系统的工作原理

行人安全气囊是为了在发生意外时实现缓冲目的，尽量降低行人受伤程度而设置的。当点火开关在行车挡时，行人安全控制模块会持续地接收来自发动机控制模块的室外温度信号和来自制动控制模块的车辆运行速度信号，当温度处于-20~70℃且时速在20~50 km/h时，行人安全气囊系统会自动开启，且不能人为关闭。系统起动后会持续地监测行人保护碰撞传感器、行人安全气囊、左右机盖铰链释放装置情况，确定是否有故障。检测信息会经由CAN线传送到仪表，通过仪表内的信息灯及文字显示，驾驶员会被通知系统是否正常。如果侦测到严重故障时，仪表内会有信息提示并且故障灯亮起，此时行人安全气囊功能暂停。当温度和车速条件不能同时满足时，行人安全气囊不会开始工作。只有当发生碰撞，起动条件满足时，行人安全气囊才会起动。

9.4.2 汽车前端保险杠系统

汽车保险杠是一种安全装置，用来防护车身前后部结构，在碰撞时可以吸收能量，同时缓和外力作用。现代保险杠在保留原有保护功能的基础之上，同时追求与车身造型的和谐统一以及保险杠的轻量化。保险杠能够在碰撞时减少对行人的伤害，因此在行人保护领域起着重要的作用。

1. 保险杠系统结构组成

汽车保险杠系统结构组成如图9-18所示，一般由蒙皮、吸能泡沫、支架、横梁四部分组成。蒙皮内部安装有吸能泡沫；吸能泡沫由吸能效果较好的吸能材料制成，在碰撞时可以吸收大部分的碰撞能量，是行人保护系统的主要元件；支架及其安装方式也都在吸能过程中具有相应作用，其中压溃式的支架安装方式在汽车中较为常用。

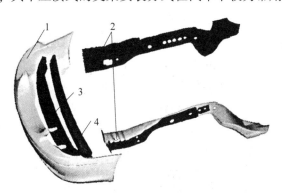

1—蒙皮；2—支架；3—吸能泡沫；4—横梁。
图9-18 汽车保险杠系统结构组成

2. 保险杠系统的分类

保险杠按照功能可以分类为吸能式保险杠和不吸能式保险杠两种。吸能式保险杠按照缓冲吸能方式的不同可以分成三类：自身结构吸能式、液压缓冲吸能式和气腔吸能式；此外还有最新式的行人保护保险杠和安全气囊式保险杠。

1)普通式(自身结构吸能式)保险杠

自身结构吸能式保险杠是一种结构形式比较简单的保险杠,在普通轿车上应用较广。缓冲材料和支架是主要的吸能元件。缓冲材料有许多种,例如各种塑料、树脂等复合材料及蜂窝状材料等。通常缓冲材料的特性和结构决定了保险杠的缓冲性能高低。几种常见的自身结构吸能式保险杠如图9-19所示。

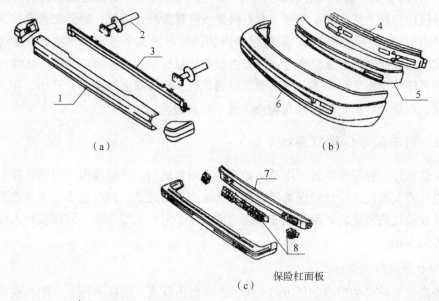

1—保险杠;2—筒状能量吸收体;3,4,7—骨架;5—吸能泡沫;6—保险杠面板;8—蜂窝状能量吸收体。

图9-19 几种常见的自身结构吸能式保险杠

2)液压缓冲吸能式保险杠

液压缓冲吸能式保险杠的结构如图9-20所示,液压缓冲器通常作为保险杠的安装支架。保险杠横梁和活塞杆相连,活塞在活塞杆里面,左边有氮气,右边有机械油,活塞杆的右腔和缓冲液压缸内的机械油相通。当汽车与行人或者其他物体发生碰撞时,产生的碰撞力会通过受力件传到活塞,碰撞力的作用使油液通过小孔,同时受到小孔产生缓冲力的瞬间冲击,缓冲力将活塞向左推动,从而压缩氮气。这种保险杠利用液压油的节流力可以吸收大量的碰撞能量,工作稳定性强且效率高。碰撞结束后,原先被压缩的氮气重新膨胀,将活塞推回原来的位置,从而复位保险杠。

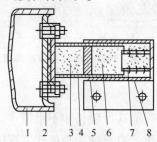

1—横梁;2—横梁内侧加强件;3—氮气;4—活塞杆;5—浮动活塞;6—机械油;7—分流孔;8—缓冲缸及其支座。

图9-20 液压缓冲吸能式保险杠的结构

3) 气腔吸能式保险杠

气腔吸能式保险杠与普通保险杠的结构对比如图9-21所示。气腔吸能式保险杠的气腔位于横梁和外蒙皮之间,相当于缓冲区域。碰撞发生时,冲击力压缩气腔,从而影响外蒙皮的变形状态,增强其吸能性能。另外,保险杠的结构布置和气腔个数对其吸能特性也有相当大的影响。这种气腔吸能式保险杠与普通式的相比,能使车辆以15 km/h速度行驶时,发生40%的前部偏置碰撞的减速度有效降低。

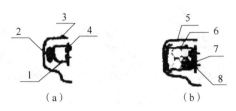

1,6—横梁;2—泡沫材料;3,5—外盖板;4,8—支架;7—气腔。

图 9-21 气腔吸能式保险杠与普通保险杠的结构对比

(a) 普通式;(b) 带气腔式

4) 安全气囊式保险杠

安全气囊式保险杠是一种专门用于保护行人的被动安全装置,它能在汽车和行人发生正面碰撞的紧急状况下,使行人免受或减轻伤害。该装置由传感器、充气泵和气囊等部件组成,并组合装入保险杠内,在行人接触保险杠的瞬间,保险杠内藏推板快速下落,防止行人被撞倒卷入车底。同时,装在保险杠上的传感器被触发,点火回路导通,引燃充气泵内的固体燃料,燃料燃烧释放出大量的氮气,并达到接近1 000 ℃的高温。气体通过冷却器降温后,进入过滤器,经过滤后的清洁气体迅速充入内藏的楔状气囊,使其向前张开,托起被碰撞的行人。与此同时,保险杠两侧的翼状气囊充气后向两侧举升,防止行人滚落到公路上,并控制汽车实施紧急制动。

9.4.3 溃缩式前大灯

由于车灯位于车身前后部,而大灯处于行人头部的碰撞区域,尤其是儿童头部的碰撞区域。为了符合行人保护的相关法律法规,减少行人头部碰撞的损伤,有必要减小碰撞时的加速度。当儿童头部与前大灯发生碰撞时,前大灯灯体产生溃缩,出现了一个头部和前大灯一起往车后移动的趋势,延长了头部和前大灯碰撞时间,因此减小了碰撞时的头部加速度,也在一定程度上减少了头部的损伤。

9.5 头颈保护系统

乘员头颈保护系统(Whiplash Protection System,WHIPS)一般位于前排座椅,由空气压缩被动发生装置、叶片、刚性导气管、伸缩式气柱以及弹性旋转机构等组成。

当汽车尾部受到撞击时，头颈保护系统会立即充气膨胀，其整个靠背都会后倾，使乘员的背部完全和靠背安稳地贴近在一起，靠背则会最大限度地后倾以减弱头部向前甩的力量。座椅的椅背和头枕会向后水平移动，使身体的上部和头部得到均衡、轻缓地支撑与保护，以减轻脊椎以及颈部所承受的冲击力，尽可能防止头部向后甩所带来的伤害。图 9-22 所示为头颈保护系统的理想状态。

图 9-22 头颈保护系统的理想状态

头颈保护系统的工作原理如图 9-23 所示，汽车追尾时，座椅靠背向前挤压驾驶员背部，空气压缩装置开始工作，两个叶片距离减小，挤压之间的压缩空气柱，形成更大的瞬间压强。压缩空气柱内部压强瞬间增大时，会由两侧的刚性导气管向上传送，增大压强瞬间被送到上方装置的伸缩式气柱中，推动气柱向上产生瞬时较大的冲击力。为了确保气柱能够维持安全工作状态，气柱的外部用金属材料的圆柱形外壳控制气柱的膨胀方向。气柱膨胀产生推力将连接头枕的弹性旋转机构的一侧向上推起，使头枕绕着旋转机构旋转，从而减小追尾时驾驶员头部与头枕的距离，以减轻头颈所受伤害。弹性旋转机构另一端连接着头枕，起到对头部的支撑作用。

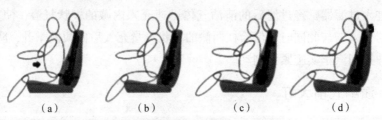

图 9-23 头颈保护系统的工作原理

9.6 汽车吸能系统

汽车能量吸收系统较复杂，通常由具备吸能性能的结构元件组成。因此想要提高车身结构的耐撞性，首要条件就是如何设计出轻质、高效的吸能构件，在碰撞过程中能够快速吸收撞击能量，减小乘员区的撞击加速度，最大限度地降低乘员所受伤害。

9.6.1 汽车吸能车身

承载式车身是指不具有独自承受外力能力的底盘结构,各个零件仅由车身支撑,也就意味着整个车身作为一体结构,没有独立支撑性的大梁设计,悬挂直接安装在车身上,车身的负载通过悬挂装置传给车轮。这样的承载结构质量轻,车辆稳定性会更高,一般在轿车上应用较多。

1. 承载式车身组成

承载式车身的结构组成如图9-24所示,通常由前、中、后三个部分组成,且三部分的刚度不同,中部乘客室刚度最大,前部发动机室、后备厢具有较大韧性。

以前置发动机前轮驱动轿车为例,车身前端为刚性较强的框架,由两根前纵梁、前围板、两侧挡泥板、前围内侧板等构成;中部是由左右侧围(包括车门上框、门槛梁和前、中、后立柱等)和地板、顶盖、前围板、前风窗框、行李舱围板、后窗框等构成的盒形结构;后端则由与后纵梁相焊接的行李舱地板及后轮内、外轮罩构成。

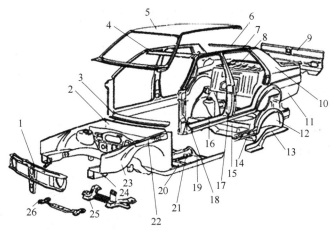

1—散热器框架;2—前围板;3—前风窗框下横梁;4—前风窗框上横梁;5—顶盖;6—后风窗框上横梁;
7—上边梁;8—后窗台板;9—后围板;10—后立柱(C柱);11—后翼板;12—后轮罩;13—后纵梁;
14—地板后横梁;15—后地板;16—门槛;17—中立柱(B柱);18—前立柱(A柱);19—前地板;
20—前座椅横梁;21—地板通道;22—前挡泥板加强梁;23—前挡泥板;24—前纵梁;25—副车架;26—前横梁。

图9-24 承载式车身的结构组成

2. 承载式车身的吸能原理

车身结构的主要吸能构件如图9-25所示,承载式车身发生低速碰撞时,泡沫缓冲梁和吸能盒是主要的吸能构件;中、高速正面碰撞和偏置碰撞时,保险杠加强梁、上、下前纵梁和副车架是主要的吸能构件;侧面碰撞时,下门槛、柱以及车门防撞梁是主要的吸能构件;倾翻时,车顶边梁、A柱和C柱是主要的吸能构件。在正面碰撞过程中,前纵梁的吸能比占总吸收能量的50%~70%,在偏置碰撞中占总吸收能量的30%~50%。车身结构的吸能是一种能量耗散过程,是以金属薄壁结构的轴向压溃和横向弯曲为主要破坏模式进行的,其中前纵梁的吸能占据了相当大的比重。因此,想要提高车身结构耐撞性能,对金属薄壁结构吸能性能以及压、弯组合型的纵梁的研究就显得十分必要。薄壁结构的吸能性能除与结构的材料属性有关外,还与结构的截面形状、壁厚、外在构型等几何参数密切相关。因此对薄壁结构的耐撞性进行优化已经成为车身安全性和轻量化设计的重要环节。

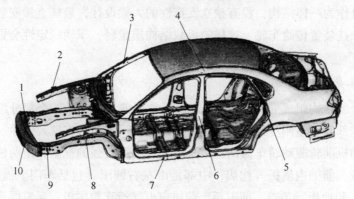

1—保险杠加强梁;2—上纵梁;3—A柱;4—车顶边梁;5—C柱;6—B柱;
7—下门槛;8—前纵梁;9—吸能盒;10—泡沫缓冲梁。

图 9-25 车身结构的主要吸能构件

9.6.2 防撞梁

防撞梁在中低速行驶的过程中,发生汽车前后、侧面碰撞等意外时,能够对车辆起到一定的保护作用,从而尽可能保护驾乘人员的安全。

防撞梁通常包括汽车前后防撞梁和四车门横梁。车架结构如图 9-26 所示,防撞梁两端连接的是屈服强度很低的低速吸能盒,通过螺栓连接在车体纵梁上。

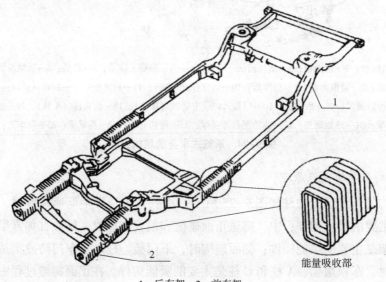

1—后车架;2—前车架。

图 9-26 车架结构

发生低速碰撞时,低速吸能盒可以有效吸收碰撞能量,尽可能减小撞击对车身纵梁的损害，也能够降低维修成本。而以螺栓方式连接可以更方便地对防撞梁进行更换。

高速偏置碰撞中，防撞梁可以将所受撞击力有效地从车身一侧传递到另一侧，尽可能让整个车体去吸收碰撞能量。低速碰撞时（一般为 15 km/h 以下），防撞梁可以防止撞击力对车身前后纵梁的产生损害，尽量降低维修成本。

发生侧碰撞时，碰撞产生的大部分能量由 B 柱承担，但通常该梁抵抗横向力的作用十分有限。如果想在结构上保证侧碰撞时汽车的安全性，除了尽可能地增大其截面积和采用腹板结构增加它与门槛的连接强度外，还应将车身侧围结构作为整体考虑，即借助车门、车锁、门槛梁以及 A、C 柱的相互联系，有效地将能量吸收区域扩展至车顶和地板。门槛梁和分置在其间的横梁是地板总成的关键部件，横梁能够起到防止地板折叠的作用。侧向一般要预留 200~300 mm 的距离，供侧向的皱折变形之用。为了提高门槛的抗弯强度，应尽量增大其断面尺寸，此外，在门槛梁内增设衬板结构也可以起到相同作用。

车门内设置横梁已成为当下提高车身抗侧撞安全性的方法之一，横梁如能设置在车身侧向受撞击的高度上，防侧撞效果会更加明显。梁的连接方式在提高车身整体强度方面十分重要，只有避免采用那些缺乏传递某一方向的力或绕某一轴的力矩的连接结构，才能减少因连接不当造成的局部强度减弱。图 9-27 所示为有无能量吸收式车架碰撞过程对比。

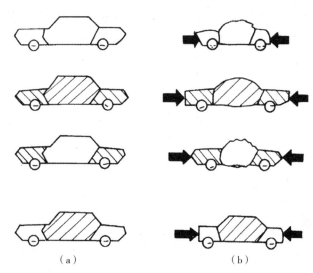

图 9-27 有无能量吸收式车架碰撞过程对比

(a) 碰撞前；(b) 碰撞后

9.6.3 汽车安全转向柱

汽车发生正面碰撞时，为了吸收碰撞的大部分能量，汽车的前部会发生塑性变形。在碰撞力的作用下，汽车前部的转向柱及转向柱管中的转向轴要向后，即向驾驶员胸部方向运动。同时，驾驶员由于惯性作用会冲向转向盘，造成人身伤害。安全式转向柱是设置在转向柱上，能够吸收碰撞能量的装置，可以防止汽车紧急制动或发生撞车事故时，驾驶员的胸部由于惯性冲撞到转向盘而受到伤害。当撞击力达到预设值时，转向盘将向下溃缩，让出一定的空间，从而减轻驾驶员伤害。另外，如果有撞击力从下往上作用在转向轴上，转向轴将从中间断开，从而避免转向柱上移而伤害到驾驶员。

图 9-28 所示为钢球连接的分开式转向轴结构，由上转向轴和套在轴上的下转向轴两部分组成，二者用塑料销钉连成一体。转向柱管由上柱管和下柱管两部分组成，上、下柱管之间装有钢球，钢球直径比下柱管的外径与上柱管的内径之间的间隙稍大。上、下柱管连同柱管托架一起通过特制橡胶垫稳固在车身上，橡胶垫则利用塑料销钉与托架连接。

当汽车发生碰撞时，转向柱被转向器总成施加轴向冲击力（第一次冲击），连接上、下转向轴的塑料销钉被切断，下转向轴便套在上转向轴上向上滑动，如图 9-29 所示。在此过程中，上转向轴和上柱管的空间位置没有因冲击而上移，故可避免驾驶员遭受伤害。

如果驾驶员因惯性冲向转向盘（第二次冲击），连接橡胶垫与柱管托架的塑料销钉则被切断，托架脱离橡胶垫，如图 9-29 所示，即上转向轴和上转向柱管连同转向盘、托架一起，相对于下转向轴和下转向柱管向下滑动，从而减缓了对驾驶员胸部的冲击。在上述两次冲击过程中，上、下转向柱管之间均产生相对滑动。因为钢球的直径稍大于上、下柱管之间的间隙，所以滑动中带有对钢球的挤压，冲击能量能够在这种边滑动边挤压的过程中被吸收。

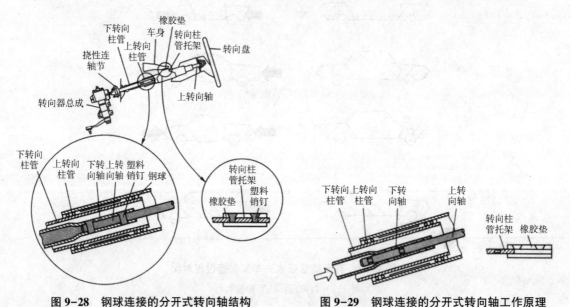

图 9-28　钢球连接的分开式转向轴结构　　图 9-29　钢球连接的分开式转向轴工作原理

转向轴和转向柱管的吸能装置除上述外，还有多种形式，包括波纹管式安全转向柱、网格式安全转向柱和双层管式安全转向柱等。其工作原理相同，均为当转向轴受到巨大冲击而产生轴向位移时，通过转向柱管或支架产生塑性变形、转向轴产生错位等方式，吸收冲击能量。

9.7 汽车事故自动报警系统

每年我国有大量民众由于车祸伤亡，给国家和人民造成了巨大的经济负担和精神损失。在发生的很多交通事故中，驾驶员在遭受猛烈撞击后进入昏厥状态，导致错过报警求救的最佳时机，最终造成无法挽回的局面。因此，研究一种车祸发生后能够自动报警求救的车载装置显得十分有必要。

9.7.1 自动报警系统组成

汽车事故自动报警系统的组成如图 9-30 所示，由碰撞传感器、控制面板、声光报警器、无线通信模块、GPS 定位模块、语音输入模块、语音输出模块和处理器组成。碰撞传感器设置在汽车车头，控制面板设置在汽车主驾座椅与副驾座椅之间，声光报警器设置在汽车外车顶。碰撞传感器、控制面板、声光报警器、无线通信模块、GPS 定位模块、语音输入模块和语音输出模块分别与处理器连接。

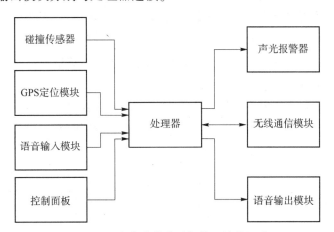

图 9-30 汽车事故自动报警系统的组成

1）碰撞传感器

碰撞传感器用于检测汽车车祸碰撞，将其设置在汽车车头可精确检测到碰撞情况，并及时将信号发送全处理器进行处埋分析。

2）声光报警器

声光报警器用于发出声光信号，便于他人及时发现，为伤员提供救援。当车祸发生后，处理器自动控制声光报警器开启，发出声音和红色光。

3）无线通信模块

无线通信模块用于发送远程求救信号，碰撞传感器检测到车祸发生 30 s 后，处理器向语音输出模块发送信号,询问是否需要报警,驾驶员可在 1 min 之内通过控制面板上的按键取消报警,若驾驶员在此时间内没有任何操作,则处理器自动通过无线通信模块向 120 急救中心和 122 交通事故中心报警。

此外,所述无线通信模块采用 NB-IoT(Narrow Band Internet of Things)模块,NB-IoT 模块具有功耗低、覆盖广的优点,可在偏僻地区使用,并且可以节约电能。

4)GPS 定位模块

GPS 定位模块用于确定车祸具体位置,系统自动报警时处理器自动控制 GPS 定位模块采集地理位置信息并向急救中心和交通事故中心发送,便于交警和急救人员快速确定车祸位置,及时提供医疗救援。

5)语音输入模块和语音输出模块

语音输入模块和语音输出模块用于报警时能够与急救中心和交通事故中心语音交流,此外,语音输出模块还能用于输出系统提示语音。

9.7.2 自动报警系统的工作原理

自动报警系统的工作原理是,在汽车上安装全球定位系统的信号接收装置,事故发生时,求救信号与实时定位信息通过移动电话的基地局传送到信息中心,信息中心在对求救信息分析后,向最靠近事故地点的消防机构和公安局发出救援指令。以往事故发生时,由于出事驾驶员负伤等因素常常出现上报信息迟缓和难以准确确认事故地等问题。自动报警系统可以解决上述问题,并对后续事故的发生起到未雨绸缪的作用。尤其是在高速公路上发生事故时,其他后续车辆也可通过全球定位系统接收到相关信号,并能立即起动自动制动装置,避免发生连续追尾事故。

另外,汽车事故自动报警系统还可用于汽车与公共设施之间的信息交换,如获取加油站、修理站、餐厅、旅店方面的信息,因此有着广泛的应用前景。

参 考 文 献

[1] 陈慧岩,熊光明,龚建伟,等. 无人驾驶汽车概论 [M]. 北京:北京理工大学出版社, 2014.
[2] 贝绍轶. 汽车发动机管理系统 [M]. 北京:北京大学出版社, 2016.
[3] 吕彩琴. 汽车发动机电控技术 [M]. 3 版. 北京:国防工业出版社, 2016.
[4] 史义库. 现代汽车新技术 [M]. 2 版. 北京:国防工业出版社, 2011.
[5] 王志福,张承宁. 电动汽车电驱动理论与设计 [M]. 2 版. 北京:机械工业出版社, 2017.
[6] 姜立标. 现代汽车新技术 [M]. 3 版. 北京:北京大学出版社, 2016.
[7] 崔胜民. 现代汽车新技术解析 [M]. 北京:化学工业出版社, 2016.
[8] 史文库,姚为民. 汽车构造(上册)[M]. 6 版. 北京:人民交通出版社, 2013.
[9] 史文库,姚为民. 汽车构造(下册)[M]. 6 版. 北京:人民交通出版社, 2013.
[10] 凌永成,于京诺. 汽车电子控制技术 [M]. 3 版. 北京:北京大学出版社, 2007.
[11] 陈家瑞. 汽车构造 上册 [M]. 3 版. 北京:机械工业出版社, 2011.
[12] 惠有利,沈沉. 汽车构造 [M]. 北京:北京理工大学出版社, 2016.
[13] 于秀涛. 汽车构造 [M]. 北京:北京理工大学出版社, 2018.
[14] 谭文孝. 汽车悬架、转向与制动系统维修 [M]. 北京:北京理工大学出版社, 2016.
[15] 舒华、姚国平. 汽车电控系统结构与维修 [M]. 2 版. 北京:北京理工大学出版社, 2009.
[16] 林逸. 汽车悬架系统新技术 [M]. 北京:北京理工大学出版社, 2017.